新・保育シリーズ **10**

保育内容「健康」

中坪 史典・請川 滋大 監修

澤田 美砂子 編

学術図書出版社

シリーズ刊行にあたって

本シリーズは、国際幼児教育学会会長を務められた故村山貞雄先生が監修に就かれて、1986 年から刊行を始めた「保育シリーズ」の正統なる後継となっております。この「保育シリーズ」は、当時の大学・短期大学にて教鞭を執られていた俊英な方々が執筆陣として加わり、多くの方々からご好評をいただいておりました。

あれから長い年月が経ちまして、少子高齢化が叫ばれるようになり、子どもたちをとりまく家族の在り様が急激に変化しています。また、たとえば障害のある子どもたちが初等中等教育を受ける際には、施設側に合理的な配慮が求められるようになってきました。子どもたちの健やかな成長を見守る保育の現場でも、従来の考え方にとらわれず、多種多様なニーズへの実践力がより必要になってきたように考えております。

そこで、今一度わが国の保育・幼児教育の向上に貢献できればと考えまして、このような実践力―一筋縄ではいかない保育の現場における解決力と、子どもたちの多様性を尊重できる包容力―を養成するための新しいシリーズを企画することにしました。

これらの保育・幼児教育に期待される実践力を養成すべく、本シリーズでは以下のような特長を盛り込みました。

1. どのような予期せぬ事態にも慌てず子どもたちに接することができるように、保育・幼児教育の現場で考えうる状況を問題形式で掲載することで、学習者自身が考え、もしくは議論し合うことができるようにしました。
2. 様々な状況におかれた子どもたちが、保育者のもとでのびのびと育っていくために必要な、その多様性を保育者自身が尊重できるように、インクルーシブの観点から記述するようにしました。

本シリーズを読み進めていただくことで、学習者に保育・幼児教育がどういったものであるかを感じ取ってもらい、未来豊かな子どもたちの健やかな成長を担う方々への道しるべとなりましたならば、望外の喜びです。

中坪 史典

請川 滋大

まえがき

　昨今、様々なところで「ウェルビーイング」という言葉が用いられるようになってきました。ウェルビーイングは、身体的・精神的・社会的によい状態にあることをいいますが、もともとは WHO（世界保健機関）が世界保健機関憲章（1946 年）において、「健康とは、単に疾病がない状態ということではなく、肉体的、精神的、そして社会的に、完全に満たされた状態にある」と示した中で、ウェルビーイングを使用しています（"Health is a state of complete physical, mental and well-being and not merely the absence of disease or infirmity."）。私達が多様化・複雑化した現代社会に生きる中で、健康は何より大切であることに改めて注目が集まっているのです。子どもたちの未来を支える保育者を目指す皆さんにとっては尚更、関心を高める文言であることは間違いありません。

　本書は、保育を学ぶ方に向けた「領域　健康」のテキストとして書かれたものです。まずは第 1 章において、保育において健康をどのように捉えたらよいかを理解しておきましょう。第 2 章では子どもたちを取り巻く現代特有の課題を整理します。第 3 章で触れる子どもの生活習慣の形成に関しては、家庭との連携が欠かせません。第 4 章と第 5 章で子どものからだの発育・発達と運動の発達について学び、第 6 章では運動遊びに必要な援助を考えます。食は健康を支える重要な要因ですが、食物アレルギーへの対応を含め保育者が踏まえておくべき内容を第 7 章で学びます。第 8 章では子どもの病気や外傷への対応を理解し、子どもの安全を守り教育する立場として必要な知識を第 9 章で身につけてください。第 10 章に示されているように、子どもを取り巻く環境や生涯発達の中で健康を捉えることも必要です。各章の「保育の道しるべ」で保育現場での出来事を読めば、保育の実際にぐっと近づくことができるでしょう。ご自身の保育にすぐに活かせるよう、「こんなとき、どうする？」や「考えてみよう！」の演習にも取り組んでみてください。

　最後に、刊行にあたり尽力くださいました学術図書出版社編集部の皆様、図版・イラスト編集に協力いただきました学生の皆様に心から御礼申し上げます。

2025 年 2 月

執筆者を代表して

澤田 美砂子

目　　次

第1章　保育における領域「健康」の理解　　　1

1.1　乳幼児の健康とは . . . . 　1

1.2　幼稚園教育要領、保育所保育指針、幼保連携型認定
　　こども園教育・保育要領改定における領域「健康」 . . . . 　6

1.3　領域「健康」のねらい及び内容と保育における援助 . . . . 　10

第2章　子どもを取り巻く現代的課題と健康　　　18

2.1　子どもを取り巻く様々な要因の変化 . . . . 　18

2.2　端末利用による健康への影響 . . . . 　25

2.3　保護者の健康への意識と子どもへの影響 . . . . 　29

第3章　子どもの生活習慣と健康　　　34

3.1　幼児期に身につけたい生活習慣 . . . . 　34

3.2　基本的生活習慣の形成—心地よさを大切に . . . . 　38

3.3　家庭との連携と課題 . . . . 　42

第4章　子どものからだの発育・発達　　　47

4.1　乳幼児のからだの発育 . . . . 　47

4.2　乳幼児のからだの機能の発達 . . . . 　56

第5章　子どもの運動の発達　　　62

5.1　幼児期運動能力検査等からみる近年の幼児の運動能力の実態に
　　ついて . . . . 　62

5.2　乳幼児期の運動発達の機序 . . . . 　66

5.3　幼児期に経験すべき基本的動作 . . . . 　70

第6章　運動遊びにおける援助　　　77

6.1　運動遊びの援助に関わる課題 . . . . 　78

6.2　運動遊びに関わる心理的要因 . . . . 　81

6.3　運動遊びにおける家庭・保護者の関わり . . . . 　85

第 7 章　子どもの食と健康　　92

7.1 食育の意義と食育の推進 92

7.2 乳児期における食生活と食に関する支援 98

7.3 幼児期における食生活と食に関する支援 101

7.4 食物アレルギーのある子どもへの対応 104

第 8 章　子どもの傷病と健康　　110

8.1 保育施設における子どもの健康管理 110

8.2 子どもの病気・外傷 112

8.3 気になる行動と発達障害について 120

第 9 章　安全に関する対応と教育　　124

9.1 子どもの安全 124

9.2 安全について育みたい資質・能力 127

9.3 子どもの事故と安全計画 130

9.4 主体的な遊びと安全に関する指導・援助 134

第 10 章 生涯における領域「健康」の役割　　141

10.1 他領域と保育内容「健康」との関係 142

10.2 小学校教育とのつながり 145

10.3 文化や遊びと領域「健康」との関係 148

10.4 地域がサポートする子どもの「健康」 150

索　　引　　155

第1章
保育における領域「健康」の理解

この章で学ぶこと

✿ 乳幼児の健康について理解し、保育における援助方法を学びます。

✿ 幼稚園教育要領、保育所保育指針、幼保連携型認定こども園教育・保育要領改定のポイントを通して、健康に関する基本的な考え方を理解します。

✿ 領域「健康」及び乳児保育の視点「健やかに伸び伸びと育つ」について、ねらい及び内容を理解し、具体的な援助方法を学びます。

　安全で心地よい環境の中で、子どもたちが健やかに心も体も成長していくことは、保育者共通の願いです。この章では、健康という概念を理解すると共に、幼稚園教育要領、保育所保育指針、幼保連携型認定こども園教育・保育要領（以下3法令）を踏まえて、子どもの健康な心と体を育むために、保育者がどのような役割を果たすことができるのかを考えていきましょう。

1.1　乳幼児の健康とは

　領域「健康」では、子どもの心身の発達、生活習慣、運動など幅広い内容を取り扱います。この節では、まず「健康」とは何かを考えていきましょう。

1.1.1 　🦋 健康の定義

　皆さんは自分が今「健康」と思いますか。あるいは、どのような状態の人を「健康」「不健康」と思いますか。世界保健機関（WHO）憲章では、下記のように健康を定義しています。

> 　健康とは、完全な肉体的、精神的及び社会的福祉の状態であり、単に疾病又は病弱の存在しないことではない。

　肉体的に病気ではないこと＝健康と考えがちですが、肉体的にも精神的にも、さらには社会的にもすべてが良好な状態でなければ健康とはいえないということです。特に精神的な健康は、現代のストレス社会では大きな問題となっています。うつ病をはじめとする心の病気が増えており、それに至らずとも日々の生活の中で心身の不調を感じている人はさらに多く存在していると考えられます。

　社会的健康—つまり他人や社会と建設的でよい関係を築けること—も重要な要素です。学校や職場、地域などのコミュニティに所属し、周囲の人と支え合える状態が理想ですが、社会的に健康でない状態として、孤独死、引きこもりなどの社会問題が散見されます。

　このように考えると、現代社会における「健康」はとても難しいもののように感じられてしまいますが、1986（昭和 61）年に WHO がヘルスプロモーションを唱えたオタワ憲章では、「健康は日々の暮らしのための一資源である。生きる目的そのものではない」と述べられています。健康は自分の人生を豊かに過ごすための手段であって、健康が人生の目的ではないということです。たとえば、60 代で病気を患った人が 20 代の頃の健康な体を取り戻すというのは困難です。しかしながら、散歩など体を動かす習慣をつけることや、同じ病気を患った人と交流し励まし合うことは可能です。

　つまり、得られない理想的な健康を目指すのではなく、自分のもつ健康資源を活かして心豊かに生き生きと過ごすことが重要であるといえるでしょう。

1.1.2 　🦋 乳幼児の健康

　乳幼児の健康を考える上で、まず教育・保育の根本を示した法令である教育基本法を見てみましょう。

> 教育基本法
>
> 　第1条　教育は、人格の完成を目指し、平和で民主的な国家及び社会の形成者として必要な資質を備えた心身ともに健康な国民の育成を期して行われなければならない。

教育の目指す先として、「心身ともに健康な国民の育成」が示されているのです。また、幼稚園を法的に位置づける学校基本法には、下記のように定められています。

> 学校基本法
>
> 　第22条　幼稚園は、義務教育及びその後の教育の基礎を培うものとして、幼児を保育し、幼児の健やかな成長のために適当な環境を与えて、その心身の発達を助長することを目的とする。
>
> 　第23条　幼稚園における教育は、前条に規定する目的を実現するため、次に掲げる目標を達成するよう行われるものとする。
>
> 　1　健康、安全で幸福な生活のために必要な基本的な習慣を養い、身体諸機能の調和的発達を図ること。

　幼稚園における教育目標の1番目に健康があるのは、幼児の生活の基盤となるものであるからと考えられます。心理学者のアブラハム・マズロー（Abraham Maslow）によると、人間の欲求にはピラミッド状に5段階あり、下の階層の欲求が満たされてから、より上の階層の欲求が生じるといわれています。下から1番目は食欲、睡眠欲など生きていくための本能的な欲求である生理的欲求、2番目は安全で安心できる環境にいたいという安全の欲求、3番目は集団に所属することや仲間を求める社会的欲求、4番目は他者から高い評価を得たり尊重されたりしたいという承認欲求、そして最も上位にあるものが自分の中にある可能性や使命の達成を目指す自己実現欲求です。つまり、人間は安全で健康な生活が保障されてはじめて、その次の欲求が生まれ、自己実現に向かえるのです。

　乳幼児が、食事・排便・睡眠などの基本的な欲求を満たすためには、大人のケアが欠かせません。また、基本的欲求を満たすと共に、安全な環境を整えることで、外界に興味をもって様々なことを学んでいけるのです。

　保育所保育指針（厚生労働省, 2017）の領域「健康」には、「健康な心と体を育て、自ら健康で安全な生活をつくり出す力を養う」とあります。乳幼児は特に年齢・月齢による違いや個人差が大きいため、1人ひとりの発育・発達を理解して、健康な心と体を育むことが求められます。また、今後の継続的な健康のための生活習慣

や態度を育むことも、乳幼児の健康において重要な側面です。保育者は専門的な知識・技能をもって、現在及び将来を見据えて乳幼児の健康を育むことが求められるのです。

1.1.3　🦋 保育の基本と健康

　ジャン＝ジャック・ルソー（Jean-Jacques Rousseau）は著書『エミール』の中で、「子どもは未熟な大人ではない」と述べています。私たちは、子どもを小さな大人と考えがちですが、子どもは単に大人よりも体が小さく、精神的に幼い人ではありません。子どもには子ども時代特有の世界があるのです。たとえば、子どもたちが広い公園や体育館に行くと、一斉に走り回ることがあるでしょう。保育者の前に集合することなく走り回ることを、まだ「幼いから落ち着きがない」という一言で片付けることはできません。そこには、非日常の場所に来たことによる高揚感、風に乗ってどこまでも走っていけそうな解放感、あるいは友達と共に走り回る楽しさなど、「幼いから落ち着きがない」という一言では表せない、それぞれの子どもの世界が広がっています。

　そのような子どもの世界の中では、子どもを大人に近づけようとするのではなく、子ども特有の成長の論理があることを念頭に、保育の基本と健康について考える必要があります。

　まず、「保育」とはどのようなもので、「教育」とは何が異なるのでしょうか。保育所保育指針（厚生労働省，2017）には、保育とは「養護と教育を一体に行うもの」であると述べられています。養護という視点を兼ね備え、小学校以降の教育の基礎となるのが「保育」なのです。

　子どもの健康や発育発達状態の把握と対応、子どもの疾病や事故防止、安全な保育環境の維持向上、適切な援助や応答的な関わり、適度な運動と休息、適切な生活習慣の援助といった養護の観点は、領域「健康」の基盤となる内容です。養護が保育の基盤である一方で、年齢が上がるにつれて教育的側面からの視点をもつことが増えていきます。

　乳幼児期の教育において、3法令に共通して示されている基本原理は、「環境を通して行う」ということです。ここでいう「環境」には、保育者や他の子どもなどの人的環境、施設や遊具などの物的環境、自然や社会の事象などを含みます。子どもが自発的・意欲的に関われるような環境を構成することで、子どもは生活や遊びを通して成長していきます。つまり、環境を通した保育とは、保育者主導で活動を展開することより、子どもの様子を見て環境を整え、子どもの主体的な遊びを援助することを、より重視する保育を意味しています。

　ここで注意が必要なのは、「主体的」という言葉は、「積極的」という言葉とは意味が異なる点です。「主体的」というと、興味のある遊びを自ら展開していくような姿をイメージしやすいと思いますが、「やりたくない」というのも子どもの主体性の発揮なのです。

こんなとき、どうする？

　あなたは年長組の担任保育者です。例年、ハロウィンパーティーの日に、子どもたちの歌や劇、ダンスなどを発表しています。子どもたちと話し合い、今年はおばけの絵本を題材にした劇を発表することに決めました。

　ある日、子どもたちが自発的に劇の練習をしようとしていましたが、Ａ児は「えー、やりたくない。ぼくは外で遊ぶ」と主張しています。Ｂ児は「みんなでやろうって決めたのに、Ａくんワガママだよ！」と怒っています。あなたはこんな時、どうしますか？　　　　　　　　　　　　　　　　　　　　　　　　　　　　▷

　園生活の中では、自主的に劇遊びをしている子どもの主体性、劇遊びに参加したくない子どもの主体性、それぞれの子にとって最善となる関わりをしたいと願う保育者の主体性というように、様々な主体性が交じり合って互いに対話を通して折り合える方法を探しています。保育者もまた、子どもの主体性とのバランスを考えながら自らの主体性を発揮し、子どもの最善の利益を目指すことが求められます。

　では、これを健康と関連して以下で考えてみましょう。

　保育時間内の運動指導の頻度と子どもの運動能力の関係に関して、興味深い研究があります。運動指導の頻度とは、保育時間内に体操や縄跳び、サッカーなどの運動指導を週に何回取り入れているかということを指しています。積極的に運動指導を行ったほうが、子どもの運動能力が高くなると思いませんか。

　しかし、結果は全くの反対でした。週に一度も運動指導を行っていない園が最も子どもたちの運動能力が高く、運動の指導頻度が高い園ほど子どもの運動能力が低かったのです（杉原 他，2014）。

　この理由の1つは、子どもがやりたいと思っていないタイミングで一方的に運動をやらされることで、運動への意欲が低下して、運動指導の時間以外での運動が減ってしまっているのではないかということです。もう1つの理由として、運動指導がなされている時、子どもは指導者の説明を聞いたり順番を待ったりしていて、意外にも体を動かしていない時間が多いことがあるでしょう。つまり、運動におい

ても、子どもが自ら運動したくなる環境を構成し、子どもの主体性を尊重した形で展開することが重要であるといえるでしょう。

　一方で、健康に関連して、子どもの主体性よりも大人の主体性が強く発揮されなければならない場合もあります。それは子どもの安全に関わることです。防災や防犯という観点から、全員避難訓練に参加する必要があり、実際に避難するべき状況がきたら、たとえ遊びを続けたい子どもがいても、中断して避難させることが保育者の義務になります。また、アレルギーのある子が、そのアレルゲンが含まれる食事を摂ることはできません。ただし、別の食材を使ってできるだけその子が望むような形の食事を提供するといった工夫はできるでしょう。

1.2　幼稚園教育要領、保育所保育指針、幼保連携型認定こども園教育・保育要領改定における領域「健康」

　保育施設では、幼稚園教育要領、保育所保育指針、幼保連携型認定こども園教育・保育要領（以下 3 法令）に基づき、保育・教育が行われています。これらの 3 法令は、2017（平成 29）年に同時に改定されました。この節では、改定のポイントを通じて今の保育・教育に関する基本的な考え方を理解しましょう。

1.2.1　✿ 幼稚園教育要領、保育所保育指針、幼保連携型認定こども園教育・保育要領改定の方向性

　2017（平成 29）年の 3 法令改定時には、幼稚園は文部科学省、保育所は厚生労働省、認定こども園は内閣府が管轄しており、以前は 3 法令の内容もそれぞれの制度にあわせて設定されていました[1]。しかし、保育施設により受けられる教育・保育内容の格差が生まれないよう、2017（平成 29）年の 3 法令同時改定にあたり、現行の法体制のもと、できるだけ内容・形式を同一にする方針が取られました。

　この改定によって、幼稚園、認定こども園と共に、保育園も幼児教育を担う施設として位置づけられ、教育に関するねらい、内容に関して 3 法令の整合性が図られ、「3 つの資質・能力」や「幼児期の終わりまでに育ってほしい姿」が保育施設共通に目指す教育の方向として示されました。

　これらの改定の背景には、科学技術の発展に伴い現代社会がより複雑で予測困難なものに変化していることがあります。このような VUCA[2]な社会の中で生き抜く

---

[1] 2023（令和 5）年 4 月より、保育所及び認定こども園はこども家庭庁に移管しました。
[2] volatility（変動性）、uncertainty（不確実性）、complexity（複雑性）、ambiguity（曖昧性）の頭文字を取り、変化が激しく複雑で、将来の予測が困難となった社会を指します。

力を育むため、先に述べたような教育・保育改革が講じられ、保育の質向上や保育者の資質・専門性の向上が求められています。そのため、カリキュラム・マネジメントの重要性が強調され、担任保育者が個別に保育の PDCA サイクル[3]を行うだけではなく、保育者が互いに保育の様子を見合うことや、子どもの行動の解釈や自分の保育に対する考え方について話し合うことで、組織全体で視座を広げ、チームワークを向上していくことが期待されています。

1.2.2 🦋 育みたい 3 つの資質・能力

科学技術の発展により、様々な仕事が機械で代替可能になった現代社会の中で、人間に求められることは、自ら課題を見つけ、学び、考え、判断して、周囲の人と協力しながらよりよい社会のために行動していく力です。そのため、従来の知識偏重型の教育を改め、答えのない問題にも柔軟に対応できるような「生きる力」を育むための学校教育改革が進められています。

「生きる力」を育む柱として、保育施設では、「知識及び技能の基礎」「思考力・判断力・表現力等の基礎」「学びに向かう力、人間性等」を一体的に育むことが示されています。

「知識及び技能の基礎」は、様々な体験を通して、子どもが自ら感じ、気づき、理解し、できるようになることです。「思考力・判断力・表現力等の基礎」は、気づいたことやできるようになったことを通して考え、試し、工夫し、表現することです。「学びに向かう力、人間性等」は、心情、意欲、態度が育つ中でよりよい生活を育もうとすることです。

これらの資質・能力は、個別に取り出して指導するものではなく、遊びを通した総合的な指導の中で一体的に育むことが求められます。そこで、子どもが能動的に学習する「アクティブ・ラーニング（主体的・対話的で深い学び）」の視点が重要となります。小学校以降の教育現場においてもアクティブ・ラーニングを取り入れることが推進されていますが、保育施設における「環境を通した教育」はまさに主体的・対話的で深い学びを目指すものであるといえるでしょう。このような幼児期の主体的・対話的で深い学びをより充実させていくために、保育者は指導計画を立て、実践、評価、改善を繰り返しながら保育の質を高めていくことが求められています。

---

[3] Plan（計画）、Do（実行）、Check（評価）、Action（改善）を繰り返すことによって、業務改善する方法を指します。

1.2.3　🦋 幼児期の終わりまでに育ってほしい姿

　3 つの資質・能力の育ちを 5 歳児後半の子どもの姿に即して示したものが「幼児期の終わりまでに育ってほしい姿（10 の姿）」です。これは小学校教育への円滑な接続を考慮して「10 の姿」に整理されています。

表 1.1　幼児期の終わりまでに育ってほしい姿

①健康な心と体　②自立心　③協同性　④道徳性・規範意識の芽生え
⑤社会生活と関わり　⑥思考力の芽生え　⑦自然との関わり・生命尊重
⑧量・図形、文字等への関心・感覚　⑨言葉による伝え合い　⑩豊かな感性と表現

　これらの「10 の姿」は、5 歳児後半までに身につけていくことが望まれるものを具体的な姿として整理したものですが、「これができるようにならなければならない」という達成目標ではないことに注意が必要です。幼児期の教育は環境を通して行うことが原則であり、それぞれの項目を個別に取り出して指導するものではなく、子どもの自発的な活動としての遊びや生活を通して、総合的にこれらの姿が育っていくように援助・指導していくことが求められます。

　また、このような姿は幼児期の終わりに突然現れるものではなく、長い期間を経て育まれ、小学校以降へとつながっていくのです。それぞれの年齢に応じた保育の方向性は、後述する 3 つの視点や 5 領域に書かれたねらい・内容に示されており、これらの積み重ねが園生活の修了時の「10 の姿」につながっていきます。そして、「10 の姿」を手がかりに小学校の教師に子どもの姿を共有するなど、乳児期、幼児期、小学校へと子どもの育ちを連続して捉え、学びをつないでいくことが求められています。

　「10 の姿」の中で特に領域「健康」に関連する項目が、1 番目にある「健康な心と体」です。具体的な姿の例として、表 1.2 のようなものが挙げられています（文部科学省，2016）。

　「自ら」「進んで行い」「自立的に」といった描写があり、将来にわたって発達し継続していく「健康な心と体」という観点で、育みたい資質・能力が反映されていることがわかります。このような子どもたちの育つ先にある「10 の姿」を見据えて、それぞれの子どもの発達段階や興味関心に沿った援助をしていくことが保育者に求められています。

こんなとき、どうする？

　あなたは1歳児クラスの担任保育者です。食事よりも遊ぶことが好きなA児は、給食の時間に何度も立ち上がっておもちゃのある場所へ移動しようとしたり、スプーンやフォークで遊んだりして、なかなか食事が進みません。特に野菜が苦手で、ニンジンとピーマンは全く手をつけようとせず、給食はいつも残しがちです。A児が食事への興味や関心をもち、野菜もみんなで食べると美味しいと思えるように、どのような援助が考えられるでしょうか？　　▷

1.2.4　🦋 領域「健康」に関する改定のポイント

　領域「健康」に関して、今回の改定で最も大きく変わったといえる点は、乳児期、1〜3歳児未満、3歳児以上の年齢別に保育のねらい、内容、内容の取扱いが示された点でしょう。次節（1.3節）で詳しく見ていきますが、子どもの姿が年齢ごとに丁寧に記述され、それぞれの時期における子どもの育ちが連続性をもって捉えられるようになりました。また、ねらいと内容だけでなく、内容の取扱いの項目を設け

表 1.2　　「健康な心と体」に関する具体的な子どもの姿
文部科学省（2016）幼児教育部会における審議の取りまとめ. より筆者改変

- 安定感や解放感を持ちつつ、心と体を十分に働かせながら充実感や満足感を持って環境に関わり行動するようになる。

- 全身を使って活動することを繰り返す中で、体を動かす様々な活動に目標を持って立ち向かったり、困難につまずいても気持ちを切り替えて自分なりに乗り越えようとしたりして根気強くやり抜くことで活動意欲を満足させ、自ら体を動かすようになる。

- 適切な活動を選び、体を動かす気持ちよさや自ら体を動かそうとする意欲を持ち、いろいろな場面に応じて体の諸部位を十分に動かし進んで運動するようになる。

- 様々な機会を通して食べ物への興味や関心を持ち、皆で食べると美味しく、楽しいという経験を積み重ね、和やかな雰囲気の中で話し合ったり打ち解けたりして親しく進んで食べるようになる。

- 健康な生活に関わりの深い人々に接したり、社会の情報を取り入れたりなどして、自分の健康に対する関心を高め、体を大切にする活動を進んで行い、健康な生活リズムを身に付けるようになる。

- 遊びや生活を通して安全についての構えを身に付け、危険な場所、危険な遊び方、災害時などの緊急時の適切な行動の仕方が分かり、安全に気を配り状況に応じて安全な行動がとれるようになる。

- 衣服の着脱、食事、排泄などの生活に必要な活動の必要性が分かり、自分の力で行うために思い巡らしたり判断しようとしたり工夫したりなどして意欲や自信を持って自分でするようになる。

- 幼稚園における生活の仕方を身に付け、集団での生活や場の使い方などの状況を予測して準備し片付けたりなどして、自分たちの生活に必要な行動に見通しを持って自立的に取り組むようになる。

て、ねらい及び内容のみでは伝わりきらなかった保育者の援助における留意事項が示されるようになりました。加えて、「習慣や態度を身に付ける」から「習慣や態度を身に付け、見通しをもって行動する」というように、育みたい 3 つの資質・能力を反映した記述に改定されています。

また、現在は社会状況の様々な変化に伴い、子どもの生活環境や生活経験も多様化し、より一層子どもの健康支援や食育の推進、安全な保育環境の確保が求められています。保育所保育指針には、第 3 章に健康及び安全の記述がありますが、食育の推進、食物アレルギーをはじめとするアレルギー疾患への対応や保育中の事故防止、災害発生時の危機管理に関する記載内容が充実しました。それと同時に、領域「健康」の内容及び内容の取扱いにおいてもそれらが丁寧に記載されるようになりました。

1.3　領域「健康」のねらい及び内容と保育における援助

ここまで、保育・教育における「健康」に関する基本的な考え方を見てきました。この節では、領域「健康」のねらい及び内容を学ぶと共に、それがどのように実際の援助につながるかを考えていきましょう。

1.3.1　🦋 5 領域・3 つの視点とねらい・内容・内容の取扱い

3 法令では、生活や遊びを通した総合的な心身の発達について、1 歳未満は 3 つの視点、1 歳以上は 5 つの領域に分類し、それぞれにねらい、内容、内容の取扱いを示しています。保育者が子どもの姿を捉える手がかりとして、5 つの領域があり、本書で扱っているのが領域「健康」ですが、子どもの生活や遊びの中ではこれらの5 領域が絡み合い、同時に存在しています。また、1 歳以下の乳児期にある子どもは、発達が未分化な状態であり、5 領域を区別することが難しいため、3 つの視点から保育内容が示されています。

ねらいは、「幼児期の終わりまでに育ってほしい姿」を 1 歳未満、1〜3 歳未満、3 歳以上の年齢に応じて具体的に示したもので、保育を通じて育みたい資質・能力を子どもの生活する姿から捉えています。内容は、ねらいを達成するために、保育者が子どもの発達の実情を踏まえながら援助し、子どもが環境を通して身につけていくことが望まれる事項を示しています。それにあたり留意すべき事項が、内容の取扱いとしてまとめられています。

1.3.2 🦋 乳児保育の 3 つの視点と健康

生まれてから 1 歳までの乳児保育では、身体的発達の視点である「健やかに伸び伸びと育つ」、社会的発達の視点である「身近な人と気持ちが通じ合う」、精神的発達の視点である「身近なものと関わり感性が育つ」の 3 つが挙げられています。この中で特に領域「健康」との関連が深いのが「健やかに伸び伸びと育つ」という視点です。

表 1.3 「健やかに伸び伸びと育つ」視点におけるねらいと内容
厚生労働省（2017）保育所保育指針. より筆者作成

健やかに伸び伸びと育つ	
健康な心と体を育て、自ら健康で安全な生活をつくり出す力の基盤を培う。	
ねらい	① 身体感覚が育ち、快適な環境に心地よさを感じる。 ② 伸び伸びと体を動かし、はう、歩くなどの運動をしようとする。 ③ 食事、睡眠等の生活のリズムの感覚が芽生える。
内容	① 保育士等の愛情豊かな受容の下で、生理的・心理的欲求を満たし、心地よく生活をする。 ② 一人一人の発育に応じて、はう、立つ、歩くなど、十分に体を動かす。 ③ 個人差に応じて授乳を行い、離乳を進めていく中で、様々な食品に少しずつ慣れ、食べることを楽しむ。 ④ 一人一人の生活のリズムに応じて、安全な環境の下で十分に午睡をする。 ⑤ おむつ交換や衣服の着脱などを通じて、清潔になることの心地よさを感じる。

乳児はまだ自分の欲求を言葉でうまく表現できないため、表情や体の動き、泣くことや喃語、指差しなどで気持ちを伝えようとします。保育者は子どもの様子を見守りながら、生理的・心理的欲求を満たすよう、何を伝えたいのか可能性を探りながら応答的に関わることが求められます。それぞれの子どもの睡眠や授乳などの生活リズムを理解し、個人差に応じた関わりを重ねる中で、徐々に子どもの生活リズムが整っていくでしょう。

また、欲求を満たす関わりの中でも、「お腹が空いたのかな？」「おむつがきれいになって気持ちいいね」などと語りかけながら、和やかな雰囲気の中で心地よく過ごすことで子どもとの信頼感が築かれていきます。このような言葉がけやスキンシップは身体感覚の育ちの基盤にもなります。

乳児期は授乳から離乳食へと移行していき、今後の食習慣の形成の時期でもあります。ただし、残さずに食べることよりも、まずは食事の中で様々な味や匂い、食感などに親しむことや、和やかな雰囲気の中で食べる喜びや楽しさを味わい、進んで食べようとする気持ちを育てていくことが大切です。なお、食物アレルギーのあ

る子どもへの対応については、嘱託医等の指示や協力のもと、保護者と連携しながら対応していくことが必要です。

　生後早い時期から子どもは周囲を見たり、声や音を聞いたり、感覚を通して外界を認識し始めます。4 か月ほど経つと首が座り、寝返り、座る、這う、つたい歩きをするというように、自分の意志で体を動かし、移動することができるようになります。そして、身近なものに興味をもって触ったり、口に入れたり、探索活動が活発になっていきます。

　「伸び伸びと体を動かし、はう、歩くなどの運動をしようとする」というねらいがありますが、それはまだずり這いのできない子どもにずり這いの仕方を教え込むといった運動指導ではありません。子どもから少し離れたところにおもちゃを置いて、体を動かしておもちゃを取ってみようとする気持ちを引き出すなど、子ども自ら体を動かそうとする意欲を育てることが大切です。その意欲が、1 歳以降の体を動かすことへの親しみ、楽しみにつながっていきます。

こんなとき、どうする？

　生後 8 ヶ月の A 児は、元気で好奇心旺盛な女の子です。日中はおもちゃで遊び、笑顔を見せてくれますが、おむつ替えの時には不機嫌になりがちです。A 児は新しい環境や他者に身体を触れられることが苦手なようなのです。あなたは、A 児の担任保育者としてどのように関わりますか？　　　　　　　　　　　　　　　　▶

❀ 1〜3 歳児未満の領域「健康」

　1 歳を過ぎた子どもは、乳児期を経て身体的にも精神的にも社会的にも大きく成長し、できることが格段に増えてきます。周りの大人からの温かな見守りや援助に支えられて、遊びの中で伸び伸びと体を動かし、徐々に生活における基本的な習慣を身につけていきます。

　体を動かすという点では、歩いたり、おもちゃをつかんだり、自分の体を思うように動かすことができるようになります。それに伴って行動範囲が広がり、遊びのバリエーションも増えていきます。遊びの中には、走る、跳ぶ、登る、押す、引っ張るなど様々な動きが含まれています。子どもの興味や関心にあわせて、段差のあるところから飛び降りる、力を入れて遊具を押したり引いたりするなど、子どもたちが全身を使って遊ぶ楽しさを味わえるような環境を保育者が設定することで、自分でできることへの喜びや体を動かすことへの意欲が育まれるでしょう。

　また、生活においては、身の回りのことを自分でしてみようとする気持ちが育ちます。食事では様々な食品や調理形態のものが食べられるようになり、スプーンやフォークを使って自分で食べることも上達していきます。清潔の習慣は食事や睡眠の欲求とは異なり、後天的に身につくものです。手洗いや歯磨き、身の回りを整えることなど、大人が身の回りを清潔に保ち、その心地よさを伝えることで、徐々に清潔の習慣が身につきます。衣服の着脱は、自分でやりたい気持ちを尊重しながら適切に援助し、自分でできたという満足感や達成感をもてるようにします。

　また、2歳から3歳にかけて、おむつを外してトイレで排泄することができるようになる子が増えてきます。トイレトレーニングという言葉がありますが、一定の時期になったら訓練するというよりは、個々の子どもの状態にあわせた「おむつはずれ」に向けた援助を行うことが大切です。

　このような生活習慣は保育施設だけで完結するものではなく、家庭との連携が欠かせません。保育施設と家庭での方針が異なると、子どもは混乱します。子どもが自分で行おうとすることの意味と共に、保育施設での対応とその意図も丁寧に伝え、家庭と連携のもと、1人ひとりに合わせた成長を見守ることが必要です。

　この時期には言葉の理解が進み、自分の意思を伝えたいという気持ちから、強く自己主張することも増えてきます。一方で、自分の思うようにはできず、もどかしい思いをしたり、寂しさや甘えたい気持ちから不安定になったりすることもあります。子どもの「したい」気持ちや言葉にならない様々な思いを汲み取り、安心して様々な物事に取り組めるように温かく見守り支えていくことが、健康で安全な生活へとつながっています。

表1.4　1〜3歳児未満の領域「健康」におけるねらいと内容
厚生労働省（2017）保育所保育指針. より筆者作成

健康	
健康な心と体を育て、自ら健康で安全な生活をつくり出す力を養う。	
ねらい	① 明るく伸び伸びと生活し、自分から体を動かすことを楽しむ。 ② 自分の体を十分に動かし、様々な動きをしようとする。 ③ 健康、安全な生活に必要な習慣に気付き、自分でしてみようとする気持ちが育つ。
内容	① 保育士等の愛情豊かな受容の下で、安定感をもって生活をする。 ② 食事や午睡、遊びと休息など、保育所における生活のリズムが形成される。 ③ 走る、跳ぶ、登る、押す、引っ張るなど全身を使う遊びを楽しむ。 ④ 様々な食品や調理形態に慣れ、ゆったりとした雰囲気の中で食事や間食を楽しむ。 ⑤ 身の回りを清潔に保つ心地よさを感じ、その習慣が少しずつ身に付く。 ⑥ 保育士等の助けを借りながら、衣類の着脱を自分でしようとする。 ⑦ 便器での排泄に慣れ、自分で排泄ができるようになる。

インクルーシブの視点から

　この時期の子どもたちは、生活習慣の基礎を身につけ、1人でできることが増えてきます。ただし、それには個人差があることを念頭に、発達の遅れや特別なニーズのある子どもたちを含め、子どもたちがそれぞれのペースで生活できるように援助することが求められます。また、文化的、社会的背景の違いによって、家庭と園とで生活習慣が異なる場合があります。その点も留意して、家庭と十分に連携を取り、個々の子どもに寄り添った援助を行う必要があります。

🦋 3歳児以上の領域「健康」

　3歳以上になると、運動機能がますます発達し、全身を巧みに使いながら様々な遊びに挑戦しようとします。また、話し言葉の基礎ができ、言葉のやり取りを通じて仲間とのつながりが深まります。生活に対する見通しをもてるようになり、遊びにおいても生活においても、より主体的に行動する姿が見られます。

　運動という点では、身体の諸機能が著しく発達する時期であり、走る、跳ぶ、投げるなど様々な動きができるようになり、熟達していきます。たとえば、鬼ごっこの場面で、体の調整力が未熟な時期には、走っている際に急に止まろうとすると転んでしまいますが、熟達してくると、走って止まるという急な動きの転換ができるようになります。

　このような運動遊びだけでなく、大きなブロックを積み上げる遊びやダンボールでキャタピラーやトンネルを作って這う遊びなど、様々な遊びの中に体を動かす要素は含まれています。特に戸外では、空間の制約を受けることなく思い切り全身を動かして遊ぶことができ、予測できないことの多い自然環境には、室内だけでは得られない魅力が溢れています。室内の活動に偏る場合には、子どもの興味や関心に沿って戸外の環境を見直し、室内と戸外が分断された活動の場ではなく、つながりをもって戸外の楽しさや心地よさを感じられるような配慮が必要です。

こんなとき、どうする？

　あなたは、3歳児クラスの担任保育者です。A児は、おままごとが大好きで、想像力豊かな女の子です。B児は、新しい友達を作るのが得意で社交的な女の子ですが、A児とは特別仲がよく、今日も2人は保育室の一角でおままごとセットを広げ、楽しそうにお料理ごっこをしています。

室内遊びが好きなA児とB児が、外遊びにも興味をもてるように、あなたはどのような援助をしますか？　▷

　運動と休息、十分な睡眠やバランスの取れた食事など、健康な生活のリズムが身についてくると、生活に見通しがもて、生活習慣も自立に向かっていきます。食事をする前には手を洗って清潔にすることや、次に遊ぶ人が困らないように遊んだ後には片付けることなど、生活に必要な活動を毎日繰り返す中で習慣化し、行うことでの満足感や行わないことへの違和感に気づくことが大切です。

　一方で、一度身についたと思った生活習慣が崩れることもあります。必要なことはわかっていても、遊びに熱中した時などに、子どもの中で生活行動の優先順位が下がってしまうからです。そのような時には、保育者が適切に関わることで、生活習慣が着実なものになっていきます。また、生活習慣と共に安全に関する習慣や態度を育むことも必要です。具体的には、遊びを通して危険な場所や事物を知って、安全に遊ぼうとすること、交通安全の習慣、避難訓練などを通して災害などの緊急時に適切な行動が取れることなどが挙げられます。

表1.5　3歳児以上の領域「健康」におけるねらいと内容
出典：厚生労働省（2017）保育所保育指針. より筆者作成

健康	
健康な心と体を育て、自ら健康で安全な生活をつくり出す力を養う。	
ねらい	① 明るく伸び伸びと行動し、充実感を味わう。 ② 自分の体を十分に動かし、進んで運動しようとする。 ③ 健康、安全な生活に必要な習慣や態度を身に付け、見通しをもって行動する。
内容	① 保育士等や友達と触れ合い、安定感をもって行動する。 ② いろいろな遊びの中で十分に体を動かす。 ③ 進んで戸外で遊ぶ。 ④ 様々な活動に親しみ、楽しんで取り組む。 ⑤ 保育士等や友達と食べることを楽しみ、食べ物への興味や関心をもつ。 ⑥ 健康な生活のリズムを身に付ける。 ⑦ 身の回りを清潔にし、衣服の着脱、食事、排泄 などの生活に必要な活動を自分でする。 ⑧ 保育所における生活の仕方を知り、自分たちで生活の場を整えながら見通しをもって行動する。 ⑨ 自分の健康に関心をもち、病気の予防などに必要な活動を進んで行う。 ⑩ 危険な場所、危険な遊び方、災害時などの行動の仕方が分かり、安全に気を付けて行動する。

　このような日々の生活を通じて、「自ら健康で安全な生活をつくり出す力」が養われ、「幼児期の終わりまでに育ってほしい姿」へとつながっていきます。

保育の道しるべ

　新幼稚園教育要領は 2018（平成 30）年度から実施され、幼稚園教育要領の改訂に伴い、園では教育課程の見直しを始めました。筆者が勤務する園は大学の附属園なので、園内研修に大学の保育系学科の先生を講師としてお招きしてご指導いただきました。本園の基本方針・目指す幼児像（建学の精神）をもとにして、幼稚園教育要領の『幼稚園教育において育みたい資質・能力及び幼児期の終わりまでに育ってほしい姿』を意識しながら、再編していくように話し合いを重ねていきました。

　当時、5 歳児組の担任だった保育者は、ドキュメンテーションを作成する時に、学年の保育者たちと話し合いながら、エピソードから「10 の姿」をピックアップしてみました。

　〜巨大滑り台〜（5 歳児 1 学期）
　ホールの大型積木で作った ①滑り台を片付ける時に、保育者が撮影した ③写真の設計図をもとに、翌日はさらに大きな滑り台が完成しました。②友達と声をかけ合いながら手際よく組み立て、前日よりも ①大きなパーツの積木を使って、安定感も出てきました。子どもたちの ①ダイナミックな動きにハラハラしながらも ①挑戦意欲を感じます。

　このエピソードからは①『健康な心と体』、②『協同性』、③『思考力の芽生え』などの姿が見られました。

　子どもたちは遊びの中で心と体と頭をフル稼働させています。明日もまた使えるようにその場を片付け、大きな積み木を運ぶには体力も要ります。安全面にも気をつけながら大きな滑り台を組み立て、全身を使って繰り返し滑り降ります。「10 の姿」の語尾が『〜ようになる』と書かれていることからも、『幼児期の終わりまでに育ってほしい姿』が到達すべき目標ではないことに留意し、3 歳児から「10 の姿」の芽生えを大切に育てながら、5 歳児までの育ちを見通しつつ、その育ちが小学校以降も続いていくように、願いを込めて 5 歳児の幼児指導要録を書いたことを覚えています。

　幼稚園教育要領の改訂に伴い、園内研修で話し合いながら教育課程を再編していく過程の中で、自園の保育を改めて見直すことで、個々の保育者の意識が高められたり保育者間の共通理解が深められたりしたことが、その後の保育によい影響を与えるのではないかと思います。今後も定期的な見直しは必要になっていきますが、自園の保育を改めて見直すことで、自園の特色を活かしながら時代に合った教育課程を再編していくことができるのだと思います。また、新しく入られた保育者の方が、自園の特色を知ったり入園から卒園

までの育ちの様子をイメージしたりできるものとなれば、今後の保育に役に立つのではないかと思います。

考えてみよう！

✎ 「あなたが健康である」状態とは、どのような状態でしょうか。また、自分自身が健康であるために何ができるかを考えてみましょう。

✎ 「幼児期の終わりまでに育ってほしい姿」にある「健康な心と体」をもった子どもをイメージして絵を描きましょう。それをグループで見せ合いながら、「健康な心と体」とはどのような状態か話し合いましょう。

✎ 乳児期の子どもが「健やかに伸び伸びと育つ」ように、また1〜3歳未満、3歳以上の子どもが「健康な心と体を育て、自ら健康で安全な生活をつくり出せる」ように、あなたは保育者としてどのようなことを大切にしますか。各年齢のねらいと内容を参考に考えてみましょう。

❀ 引用・参考文献 ❀

厚生労働省（2017）保育所保育指針．フレーベル館
文部科学省（2017）幼稚園教育要領．フレーベル館
文部科学省（2016）幼児教育部会における審議の取りまとめ．https://www.mext.go.jp/b_menu/shingi/chukyo/chukyo3/057/sonota/__icsFiles/afieldfile/2016/09/12/1377007_01_4.pdf（情報取得 2023/9/5）
内閣府・文部科学省・厚生労働省（2017）幼保連携型認定こども園教育・保育要領．フレーベル館
大豆生田友啓・おおえだけいこ（2023）日本の保育アップデート！ 子どもが中心の共主体の保育へ．小学館
汐見稔幸・無藤隆（監）（2018）平成30年施行 保育所保育指針 幼稚園教育要領 幼保連携型認定こども園教育・保育要領 解説とポイント．ミネルヴァ書房
杉原隆・河邉貴子（編）（2014）幼児期における運動発達と運動遊びの指導 遊びの中で子どもは育つ．ミネルヴァ書房．51-54.

第2章
子どもを取り巻く現代的課題と健康

この章で学ぶこと

❀ 子どもを取り巻く様々な要因の変化について見ていきます。

❀ 子どもたちの生活の状況（運動・食事・睡眠）を理解します。

❀ 端末（スマートフォン、PC、タブレット等）利用による健康への影響について学びます。

❀ 保護者の健康への意識が子どもに与える影響について考えます。

　この章では、現代の子どもたちを取り巻く様々な要因の変化により、運動、睡眠、食事など、子どもたちの健康にどのような影響や問題を引き起こしているのかを学びます。子どもたちの豊かな遊びや生活、1人ひとりの育ちを見守り、支えるためにはどうしたらよいか、勉強していきましょう。

2.1　子どもを取り巻く様々な要因の変化

　様々なスポーツにおいて、世界的に活躍できる選手も増え、私たちを楽しませてくれます。子どもたちの運動能力も飛躍的に向上しているように思いますが、1985（昭和 60）年をピークに低下傾向が続き、子どもの体力低下は社会問題となりまし

た。子どもたちを取り巻く環境がどう変化してきたか、一緒に見ていきましょう。

2.1.1 ❀ 現代の子どもを取り巻く社会環境の変化

　2005（平成17）年1月、文部科学省中央教育審議会において「子どもを取り巻く環境の変化を踏まえた今後の幼児教育のあり方」がまとめられました。その中で、子どもたちの育ちについて、以下のような現状が示されました。少子化、核家族化、都市化、情報化、国際化など、わが国の経済社会状況の急激な変化、そしてその変化を受けた人々の価値観や生活様式の多様化など、社会的な背景があり、さらに人間関係や地域の地縁的なつながりの希薄化、過度に経済や効率を重視する大人優先の社会風潮など、様々な社会状況が複雑に絡み合って、子どもの育ちに影響を及ぼしているとの答申が示されました。

表 2.1　子どもたちの育ちの現状

● 基本的な生活習慣や態度が身についていない。
● 他者との関わりが苦手である。
● 自制心や耐性、規範意識が十分に育っていない。
● 運動能力が低下している。

表 2.2　子どもの育ちの変化の社会的背景
出典：中央教育審議会答申（平成17年1月28日）第4節 より筆者作成

家庭の教育力の低下	地域社会の教育力の低下
● 少子化	● 多様な経験ができる機会や場の喪失
● 核家族化	● 都市化（あそび場の減少）
● 共働き世帯の増加	● 情報化（テレビゲームやインターネットの普及）による室内遊びの増加
● 親世代の子育て経験不足	● 地域の人間関係の希薄化
● 効率化や経済性優先する社会風潮	● 共同精神、伝統文化の軽視

　このような子どもたちの心配な状況は、実は50年前から危惧されてきました。1978年にNHKが「こどもからだプロジェクト」を立ち上げ、体育学者の正木建雄氏が全国1000校の小・中・高の管理者や養護教諭にアンケート調査を行いました。その頃問題となったのは、1「朝からあくび」2「背中ぐにゃ」3「アレルギー」4「腹のでっぱり」5「朝礼でバタン」などであり、現在の子どもにも通じる心配な状況でした。この「子どものからだのおかしさ」調査は、その後「子どものからだと心・連絡会議」に継続され、5年おきに現在も調査されています。「子どものからだと心白書2022」（子どものからだと心・連絡会議, 2022）で報告されている「最近増え

ている」という「からだのおかしさ」の実感ワースト 5 は以下のようになっています。2020 年からじっとしていられないという ADHD 傾向のお子さんが増えていると報告があります。注意深く状況やその原因を見ていきたいところです。

表 2.3　子どものからだの調査 2020（"実感"調査）
出典：子どものからだと心・連絡会議（2022）子どものからだと心白書 より筆者作成

	第 1 位	第 2 位	第 3 位	第 4 位	第 5 位
保育所	保育中じっとしていられない	ADHD 傾向	背中ぐにゃ	夜眠れない	絶えず何かをいじっている
幼稚園	保育中じっとしていられない	背中ぐにゃ/発音が気になる/アレルギー			オムツが取れない

2.1.2　🦋 子どもたちを取り巻く社会状況の変化

　戦後から 70 年、私たちの社会は大きく変化しました。生活を劇的に豊かに変えた技術革新の製品の普及や産業構造によって、私たちの生活は大きく変化し、子どもたちの遊びにも影響を与えました。明石（2019）は「子どもの生活リズムは 15 年サイクルで変わってきた」と述べています。具体的には、年中行事を中心に回る昭和 20 年〜30 年頃、昭和 35 年頃から月給制のサラリーマンが増え、出現する月単位の生活リズム、昭和 51 年からさらに早まる週単位の生活リズムです。

表 2.4　子どもの生活リズムと遊びの変遷
出典：明石要一（2019）子どもの生活リズムが子ども力を育てる. 子どもと発育発達, 17（1），5-8. より筆者作成

年代	中心産業	生活リズムの中心	子どもの遊び
1945〜1960 年頃	第 1 次産業	【年中行事】お盆・正月・祭り（夏/秋）、農作業	自然遊び・群れ遊び、家の手伝いや兄弟世話
1960〜1975 年頃	第 2 次産業	【月単位】高度経済成長期サラリーマン家庭、月賦販売、家電普及	テレビと週刊漫画
1975〜2005 年頃	第 3 次産業	【週単位】校内暴力、受験戦争、ゆとり教育（週 5 日制など）	テレビゲーム登場塾や習いごとなど増加
2005〜2030 年頃	第 4 次産業	【時間単位】いじめや不登校など、コロナ拡大、ICT 活用・DX 加速、ビックデータ、AI（Chat-GPT も含む）など	スマートフォン登場・SNS 普及スマホゲーム、動画視聴（倍速視聴も含む）など

　年中行事が中心だった時代は、第 1 次産業中心で、テンポも緩やかで、田植えや稲刈りの手伝いはあるものの、子どもたちの遊びの時間は十分確保されていました。やがて月単位 のリズムとなり、大人も子どもも追い立てられる大量消費時代がやってきます。月単位となった時代は、テレビや漫画が登場し、それらが子どもの余暇生活の主流となり、身体を使って遊ぶ時間を削っていきました。次に、サービス産業や流通、通信が中心となる第 3 次産業が到来しました。これを「週単位のリズム」と明石は述べています。この時代はテレビ、漫画に加えて、テレビゲームが遊びの中心となり、塾通いや習いごとをする子どもも増えていきました。そして、スマートフォンが普及する 2000 年頃、タイパという時間効率を追求する「時間単位」が主流となり、「分単位」「秒単位」とその傾向が強まっています。何でも効率を求め、効率が悪いことが悪とされる時代。しかし、そのような時代だからこそ、保育施設では、時間を忘れて遊ぶこと、効率悪いことこそ達成感や面白さがあること、不便さそのものを楽しむことを大切にしていきたいところです。

　さらに 2016 年 1 月政府の発表した「第 5 期科学技術基本計画」の中で「Society5.0」が提唱されました。Society 5.0 で目指すのは、地球温暖化、少子高齢化、地方の過疎化、貧富の格差など様々な問題を IoT（Internet of Things）や人工知能（AI）による技術革新で解決し、1 人ひとりが快適に活躍できる持続可能な社会です。社会の変化にあわせて変わる子どもたちの環境について、今後も注意深く見つめていく必要があります。

2.1.3　🦋 子どもの生活（食事・睡眠・体力）の現状

　子どもたちの生活状況を把握するには、毎年、文部科学省によって実施されている全国体力・運動能力調査と共に行われる「生活習慣調査」が適しています。この調査によって、朝食の喫食状況、睡眠時間や体力との関係を見ることができます。小学生の結果ですが、就学前の子どもたちの生活状況を知るヒントになり、スポーツ庁の HP で毎年公表されています。

　規則正しい生活習慣に大切な食事の摂取状況と 1 日の睡眠時間の経年変化を見ていくと、朝食に関しては「毎日食べる」と回答した児童の割合が令和 4 年度に男子が少し増え、改善傾向が見られました（スポーツ庁，2022）。睡眠時間に関しては、「8 時間以上」の児童の割合がわずかに減少し、「6 時間以上 8 時間未満」の割合が増え、睡眠時間がやや減少して、心配な状況になっています。

　また体力との関係を見ると、男女共に朝食を「毎日食べる」グループが最も体力合計点が高いという結果になりました。睡眠時間においては、女子では「8 時間以上 9 時間未満」グループが、男子では「8 時間以上 9 時間未満」、「9 時間以上 10 時

間未満」が最も体力合計点が高いという結果になりました。朝食の喫食と睡眠時間の確保が子どもたちの体力によい影響を及ぼすということは、この結果からも明らかです。

● 朝食と体力合計点（男子）

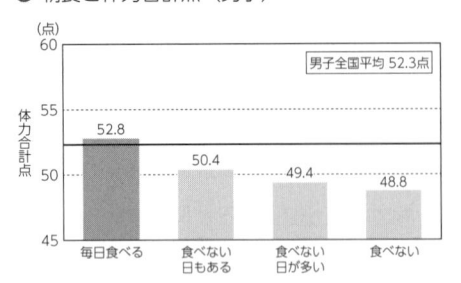

● 朝食と体力合計点（女子）

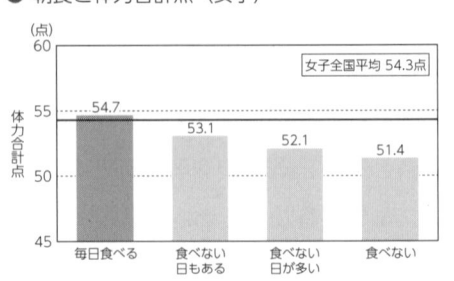

● 睡眠時間と体力合計点（男子）

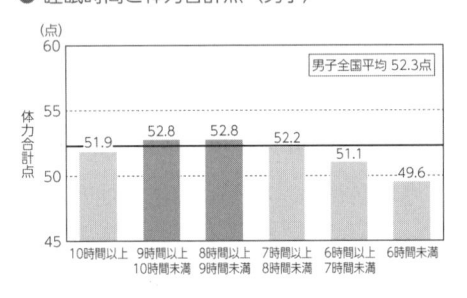

● 睡眠時間と体力合計点（女子）

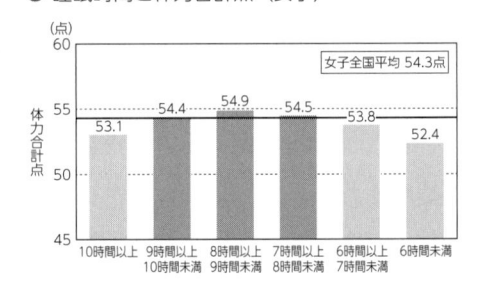

図 2.1　朝食及び睡眠時間と体力の関連
出典：スポーツ庁（2022）令和 4 年度全国体力・運動能力、運動習慣等調査. 37.

　一方、就学前の子どもたちはどうでしょう？

　睡眠については、1995 年より 5 年おきに調査しているベネッセの第 6 回調査結果によると（ベネッセ，2022）、起床時間は「8 時台」が減って「7 時台」が増加、就寝時刻は「21 時台」や「21 時半台」が多くなっています。また 2022 年の学研の調査では、保育園児で起床時間は「平均 6:47」で就寝時間は「平均 21:35」、一方、幼稚園児の起床時間は「平均 6:51」で就寝時間は「平均 21:35」で、保育園児の睡眠時間が短い傾向が見られました。このように就学前の子どもの状況としては、年々起床時間は早まり、就寝時間がやや遅くなる傾向が見られます。アメリカの睡眠機構（National Sleep Foundation）では、望ましい睡眠推奨時間として、3〜5 歳で「10〜13 時間」、6〜13 歳の学童期は「9〜11 時間」と打ち出しています（子どものからだと心・連絡会議編，2022）。日本の子どもたちは世界的に見て睡眠時間が短く、平均的に睡眠時間が足りない傾向があります。子どもたちにとっていかに睡眠が大切か、10 時間以上睡眠時間を確保できるように各家庭に訴えていく必要があります。

2.1.4　🦋 子どもの遊びの変化

　次に子どもの遊びの変化を見ていきましょう。子どもたちの遊びの変化を表現した言葉に「さんまが足りない」というものがあります。

①時間

　まず体を動かす遊びの時間が減り、体を動かさない遊びが増えてきています。表2.5より、子どものよくする遊び内容は1位が20年以上「公園の遊具（すべり台、ブランコなど）を使った遊び」で体を動かす遊びですが、2位は「つみ木、ブロック」、2022年「ユーチューブをみる」（58.7%）が登場し、自宅などで行う体を動かさない遊びとなっています。またダンスやサッカー、プログラミングなど、魅力的な習いごとも増え、自発的に好きに遊ぶ時間が減っています。子どもたちは、遊びたくても忙しく、遊ぶ時間がないのが現状のようです。

表 2.5　子どものよくする遊び（経年変化）
出典：ベネッセ教育総合研究所（2022）第6回 幼児の生活アンケート ダイジェスト版. 8.

(%)

	95 年	00 年	05 年	10 年	15 年	22 年
公園の遊具（すべり台、ブランコなど）を使った遊び	66.0	68.4	76.1	78.3	80.1	85.8
つみ木、ブロック	54.9	56.0	62.8	68.0	68.5	66.4
ユーチューブを見る						58.7
人形遊び、ままごとなどのごっこ遊び	51.2	54.0	57.2	57.1	61.6	54.7
絵やマンガを猫く	45.0	43.7	57.4	53.4	50.6	48.6
ボールを使った遊び（サッカーや野球など）	35.0	33.1	46.7	46.8	46.5	47.6
ミニカー、プラモデルなど、おもちゃを使った遊び	39.5	44.0	45.3	46.3	49.5	47.1
自転車、一輪車、三輪車などを使った遊び	46.6	51.7	53.6	49.4	45.8	44.0
砂場などでのどろんこ遊び	49.7	52.1	57.5	53.6	48.1	43.7
動画録画を見る（ユーチューブ以外）						40.6
石ころや木の枝など自然のものを使った遊び	26.2	34.2	37.6	40.5	40.9	40.2
ジグソーパズル	21.7	18.1	28.7	32.8	33.1	40.1
マンガや本（絵本）を読む	29.8	28.3	44.7	44.3	43.8	39.0
おにごっこ、缶けりなどの遊び	14.0	13.8	21.0	23.4	27.9	31.2
テレビゲーム・携帯ゲーム						27.3
カードゲームやトランプなどを使った遊び	19.5	17.9	26.0	25.7	27.5	25.1
知育・学習目的のアプリ						23.8
なわとび、ゴムとび	14.2	12.7	19.1	21.2	20.7	21.4
娯楽を楽しむアプリ（遊びやゲーム）						14.4
情操を育むアプリ（物語や音楽など）						8.5
その他	7.2	9.2	13.4	10.3	9.8	1.2
無回答・不明	1.6	1.0	0.6	0.6	0.0	

※複数回答。　※項目は22年調査結果の降順に図示。

②空間

　日本小児保健協会が縦断的に調査している幼児健康度調査（衛藤，2011）によると、遊ぶ場所はこの 30 年間で「自分の家」が増加し、反対に「友だちの家」は減少、「公園」が半分くらいとなってきました。またたとえ公園があったとしても、連れ去り事件や不審者問題など、子どもたちだけで遊ぶことが難しい時代です。子どもたちが安心・安全で遊べる場所の確保が急務といえます。

③仲間

　毎年、厚生労働省が人口動態統計を発表していますが、出生数は 2022 年度には 80 万人を割り込み、少子化は予想以上に進んでいます。そのような中、誰と遊ぶことが多いかを調べた先のベネッセの調査結果によると、友達と遊ぶ割合が急激に減少しています。一方、母親と遊ぶ割合が年々増加し、9 割に達しています。父親も全体の 2 割ほどで、きょうだいは減少傾向です。このように令和の子どもたちの遊ぶ相手は母親が多く、友達や仲間と遊ぶ子どもが減ってきているのです。

　子どもたちの遊びは社会の有り様をそのまま映し出す鏡です。現代の子どもたちは遊びたくても遊ぶ時間や空間（場所）、仲間（友達）が足りない状態です。様々な「間」の足りない現代において、多くの「間」が存在する場所があります。それが保育所・幼稚園・こども園などの保育施設です。遊ぶ時間・空間・仲間・手間が十分あります。このような子どもたちを取り巻く状況の中、どのような遊びの経験を提供するのか、保育施設そして保育者の役割がますます大きくなってきています。

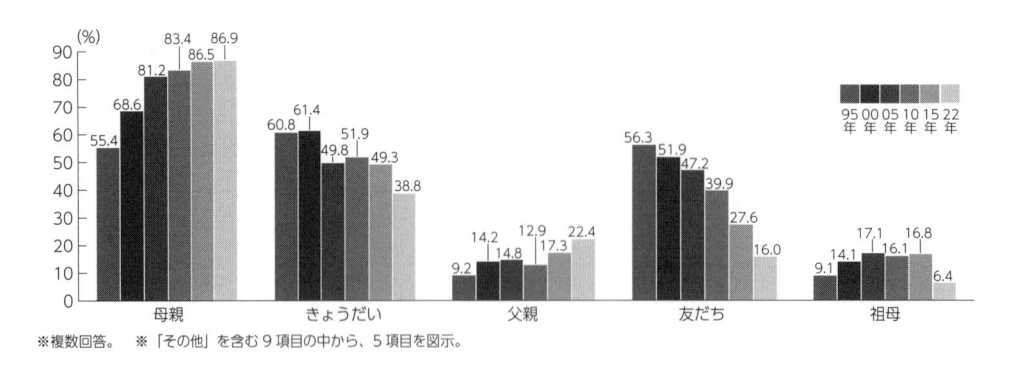

※複数回答。　※「その他」を含む 9 項目の中から、5 項目を図示。

図 2.2　子どもの遊ぶ人（経年変化）
出典：ベネッセ教育総合研究所（2022）第 6 回 幼児の生活アンケート ダイジェスト版. 8.

　ボール遊び禁止、大声禁止など、禁止事項が多い公園が増えてきました。地域の理解を得ながら子どもたちの遊び場を確保するためにはどうしたらいいでしょうか。

▷

2.2　端末利用による健康への影響

　近年「スマホ育児」といわれるように、保護者にとっても欠かせない存在です。また子どもたちにとっても、生まれた時からスマートフォンやタブレットがあり、慣れ親しんでいます。初等教育から ICT 教育が導入されるなど、情報化が進む社会において、デジタル機器の利用は必要不可欠です。一方、子どもの発育発達や将来の健康へ及ぼす影響についても心配されるところです。端末の使用状況、健康に及ぼす影響について、考えていきましょう。

2.2.1 　子どもたちの端末利用やスクリーンタイムの現状

　子どものインターネット利用状況については、内閣府が 2009（平成 21）年度より実施している「青少年のインターネット利用環境実態調査」があります。2018 年度より、0 歳から 9 歳の子どもをもつ保護者 3000 人を対象にした調査も追加されました。2023（令和 4）年度の内閣府調査では 0 歳でも「13.1%」が利用しているとあります。そして 1 歳で 3 割弱、2 歳で 6 割、7 歳で 9 割と、年齢が上がると共にインターネットの利用率が上がります。また、利用時間も年齢が上がるにつれて長くなる傾向があります。

　各機器の就学前の子どもたちの利用状況の経年変化を図 2.3（ベネッセ, 2022）に示しました。ベネッセ教育研究所が 1995（平成 7）年より 5 年おきに首都圏（東京都、神奈川県、千葉県、埼玉県）の 0 歳 6 か月〜6 歳就学前の乳幼児をもつ保護者にアンケートをし、結果を公表しています。2015（平成 27）年からの 7 年間の変化をみると、テレビ、ビデオ、DVD 等の視聴時間は減少し、スマートフォン、タブレット端末の利用時間が増加し、かつそれらを 1 日 2 時間以上使用（視聴）する比率も増加しています。

　このように乳幼児にとってもデジタル端末は身近なものになり、多くの子どもが端末に触れるようになっています。では、端末利用によってもたらされる健康への影響とは何でしょうか。

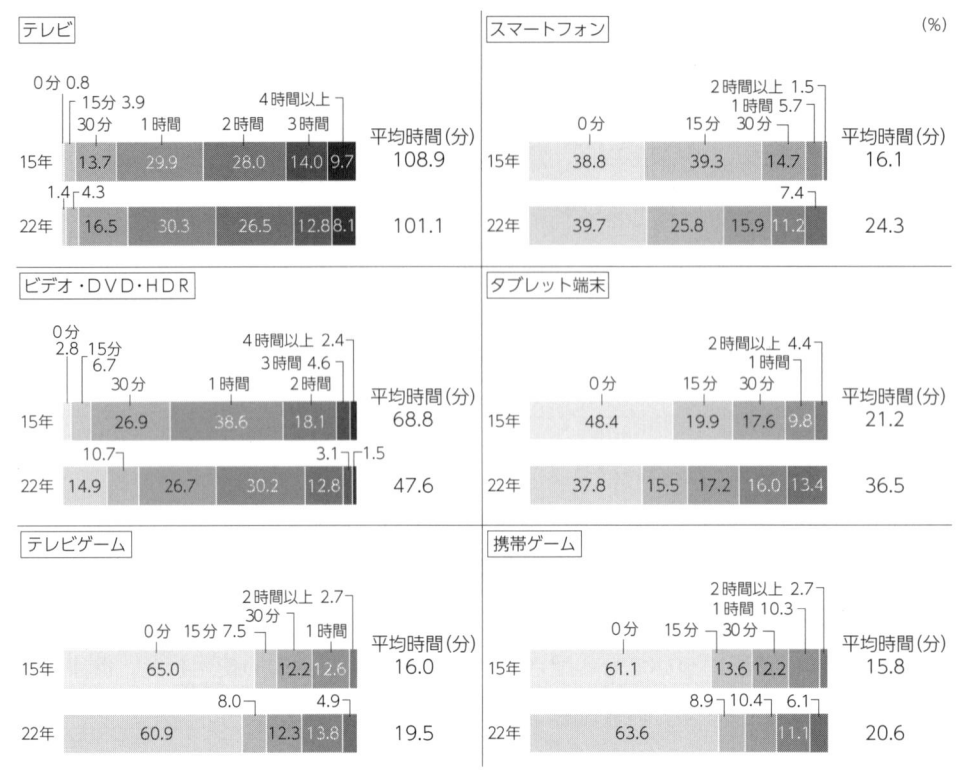

図 2.3　子どもの端末利用時間（メディア・経年比較）
出典：ベネッセ教育総合研究所（2022）第 6 回 幼児の生活アンケート ダイジェスト版. 9.

2.2.2 ❀ 端末利用が及ぼす健康への影響

　学校保健統計調査は、学校における子どもの発育や健康の状態を明らかにすることを目的に 1948（昭和 23）年度から毎年実施されていますが、2021（令和 3）年 7 月、裸眼視力 1.0 未満の子どもたちの割合が小学校と中学校で過去最多を更新したというニュースが話題となりました（朝日新聞, 2021）。小学 1 年生で約 4 人に 1 人、小学 6 年生で約半数が裸眼視力 1.0 未満となり、コロナによる一斉休校でテレビ、スマートフォン、ゲーム機等の視聴時間が増加したことで子どもたちの近視が進みました。まず端末が及ぼす健康への影響の 1 つとしては、「近視による視力低下」が挙げられます。

　次に、近視以外の影響として「スマホ老眼」や「スマホ内斜視」があります（日本眼科医会, 2018）。スマートフォンなどは近距離でピント合わせ、ページのめくりもなく、画面を指でスライドするだけです。そのため、眼球の動きが小さくなり、調節弛緩が不十分となり、ピントがフリーズする「スマホ老眼」という症状が現れるといいます。他に近い距離でピントを合わせることで寄り目になってしま

う「急性スマホ内斜視」といった症状も、子どもたちに現れるようになり、問題となっています。これらの症状を防ぐには近視の場合と同じですが、本を読む時と同様に、「①明るいところで見る、②画面から 30 cm 以上離す、③大きな画面で見る、④ 30 分間に 1 回 20 秒以上遠くを見て目を休める」などの、十分な対策が学童期の子どもたちに必要となってきています。

　さて、5 歳までの子どもは視覚感受性期間にあたるため、目と脳が成長する大切な時期です。0 歳の時「0.01」しかなかった視力が 3〜4 歳で「0.3〜0.5」、6 歳までに「1.0」へと発達していきます。このように大切な時期のためピントをあわせる両目の視機能や刺激による脳の発達を促すためにも、アメリカの小児学会では 2 歳まで端末利用をしないように呼びかけています。乳幼児のスマートフォンなどの機器との付き合い方には十分慎重になる必要があるということです。

2.2.3 　🦋 端末利用による生活への影響

　寝る前の端末利用は、その光によって睡眠ホルモンであるメラトニンの分泌が抑制され、体内時計が乱れたり、視聴内容によって脳を覚醒させてしまう恐れもあり、注意が必要です。海外先進国や日本の研究の結果からも、携帯電話やスマートフォンの長時間使用によって睡眠習慣の乱れやうつ傾向との関連が見られるなど、メンタルヘルスへの悪影響や依存症の問題が示されています。

　また全国学力・学習状況調査において、小学校・中学校共に、平日 1 日あたりのゲーム時間や SNS・動画視聴時間の長い児童生徒のほうが、全科目平均正答率が低い傾向が見られました（国立政策研究所, 2022/2021）。そのため端末視聴時間が及ぼす学力への悪影響も指摘されています。一方、体力については、全国体力・運動能力、運動習慣調査結果（スポーツ庁, 2021）の体力合計点比較によると、小学校・中学校、男女とも視聴時間の「3 時間未満」グループの体力合計点が高いという結果となっています。

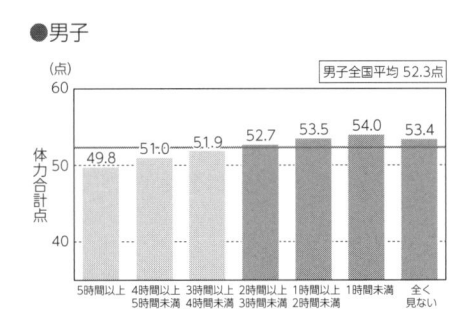
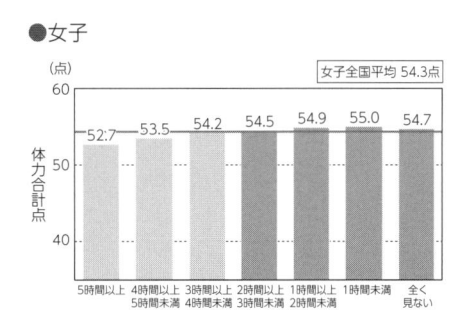

図 2.4　子どものスクリーンタイムと体力の関連
出典：スポーツ庁（2022）令和 4 年度全国体力・運動能力、運動習慣等調査結果

さらに「全く見ない」という群も体力合計点は平均以上ですが、「1 時間未満」の群が最も体力合計点が高いという結果になりました。これは、ルールを守ってデジタル機器を利用できる力、また自分をコントロールできる自己管理力が大切であるということを示しています。

2.2.4 🦋 デジタル機器の適切な利用方法

　わが国にはスクリーンタイムの年齢ごとの推奨基準はありませんが、WHO（2019）の指標があります。2 歳児未満は「0 分未満」、4 歳児未満では「60 分未満」を推奨時間としています。また、米国小児科学会（AAP）が行った子どものメディア利用全般に関する提言（Recommendations for Children's Media Use）において、2～5 歳児のデジタル機器の利用は 1 日あたり「1 時間以内に限る」ように進言されています。このように、2 歳未満の乳児については基本的にデジタル機器の利用は推奨されていません。なぜなら相手の反応を見て脳が育っていく発達の大切な時期だからです。一方的に発信される動画は発達によい影響を与えません。デジタル機器は子育て中の親にとって強い味方となりますが、適切に利用できるように特に注意して呼びかける必要があります。

　子どもたちのインターネット利用を考える会では、2017 年「スマホ育児」の実態と課題を明らかにするために、未就学児の生活習慣とインターネット利用に関する実態保護者意識調査を実施し、子どもに利用させることについて 9 割以上の保護者が何らかの不安を感じているとのことでした。その反面、より具体的な判断材料についての知識・理解は不十分な保護者も多く、保護者の 8 割以上は学習の必要性を感じているといいます。デジタル機器は今や生活に切り離せない存在です。そのような時代だからこそ、適切な利用方法を保護者に周知し、正しいデジタル機器の利用方法を探っていく「デジタルリテラシー」を今後も高めていく必要があります。先の研究会では「乳幼児とスマホ　保護者のためのセルフチェック」を公開しています。また、日本小児科医会においても 2023 年にネット・スマホ時代の子育てとして啓発リーフレットを作成し、フィルタリング機能の利用や時間管理ツールの活用及び使用場所の限定など、利用上の注意点を提案しています。このような提言やチェックシートを活用し、上手に端末利用できるように家庭に働きかけていきましょう。

こんなとき、どうする？

　デジタル機器が大好きな A 児にどう対応しますか？　子ども・保護者・園全体、様々な視点で考えてみましょう。　　　　　　　　　　　　　　　　▶

2.3 保護者の健康への意識と子どもへの影響

　人生 100 年時代、スポーツライフは幼児期から始まっているといえます。幼児期からいかに運動習慣を形成するか、そのためには子どもを取り巻く保護者の影響が考えられます。この節では、保護者の意識や行動が子どもにどう影響するかについて見ていきましょう。

2.3.1 🦋 保護者の意識と子どもへの影響

　「フィジカルリテラシー」という言葉があります。大まかに捉えると、生涯にわたって運動やスポーツを継続し、心身共に健康で幸福な生活を営むことができる資質や能力です。2022（令和 4）年度スポーツ庁「幼児期の運動習慣プロジェクト」の中で、鈴木ら（2023）は子どもの運動習慣形成に関与する要因を明らかにするために、全国の 3 歳から小学校 2 年生の子どもをもつ保護者男女約 5000 名に世論調査をしました。その中で、保護者のフィジカルリテラシーについて調べました。フィジカルリテラシーの 4 つの領域（身体、感情、認知、社会）のすべての領域でフィジカルリテラシーが高い保護者の子どもは活発な遊びをしているとわかりました。

　フィジカルリテラシーの評価尺度の開発の研究によると、以下の保護者が、有意にフィジカルリテラシーが高いという結果となりました。

- スポーツ歴のある保護者
- 身体活動習慣のある保護者
- 第一子がスポーツ系習いごとを行っている保護者

　スポーツ歴や身体活動習慣は、フィジカルリテラシーにより強く関連していることを示すものです。しかし、フィジカルリテラシーの身体領域だけでなく、感情・認知・社会領域においても有意差があることがわかりました。親自身のスポーツ経験や能力以上に、運動やスポーツに対する親の考え方が子どもに影響することを示唆しています。運動経験や習慣がない保護者であっても、身体活動や運動の大切さを知り、その意識を変えることで、フィジカルリテラシーを向上させ、子どものスポーツの機会や環境によい影響を与えることができます。

　先の同調査では、子どもの運動習慣を評価する 2 つの指標「活発な遊びの程度」と「保護者の要因」について分析されました。結果、子どもの活発な遊びは、居住地域や兄弟姉妹数とは関係がなく、保護者の年齢に若干関係が見られ、若年（20〜

30 代）の親の子どものほうがやや活発に遊んでいる傾向となりました。その他に保護者の身体活動と子どもの身体活動とは比例し、保護者の座位時間が長くなると、子どもの活発な遊びも減少するということが確認されました。一方、保護者と一緒に遊ぶ機会が多い子どもほど、活発な遊んでおり、同様に遊ぶ頻度が多い子どもほど、活発に遊んでいるということです。保護者の身体活動量や習慣は子どもの活動に大きく影響を与えるということが示されました。

2.3.2 ❀ スクリーンタイムと保護者の要因

　子どものスクリーンタイムと保護者の要因についても調査されています。子どもの 2 時間以上のスクリーンタイムに関連する要因は、「保護者の体格」「座位時間」とのことです。反対に保護者の身体活動量が多くなると、子どものスクリーンタイムは少なくなり、週 1 日以上の身体活動がある保護者の子どもはスクリーンタイムが少ないという結果になりました。保護者の日常行動が直接的に子どものスクリーンタイム（不活動）に影響を及ぼしているというのです。

　以上のように、子どもの運動習慣の形成は、より身近にいる保護者からの影響を大きく受けてているということがわかってきました。幼児期の運動習慣を形成するためには、まず保護者がフィジカルリテラシーを高め、子どもと一緒に遊ぶ機会を増やすことが必要です。スクリーンタイムといった体を動かさない時間を減らすことで、子どもの不活動時間やスクリーンタイムを減らせることができます。それは保護者自身の健康維持・増進、病気予防につながります。ぜひ保護者も巻き込んで、豊かなスポーツライフの土台となる子どもの運動習慣の形成を働きかけていきましょう。

こんなとき、どうする？

　保護者のフィジカルリテラシーを高めるために、園でできることはどのようなことでしょうか？　具体的に考えてみましょう。　　　　　▷

インクルーシブの視点から

　これまでに、子どものスクリーンタイムの長さの原因を、ASD（自閉スペクトラム症），ADHD（注意欠如・多動症）に求めるという議論がされてきました。しかし、そうではないことが研究でわかってきました。ASD、ADHD と関連する遺伝子の変化の程度と生後 18 ヶ月・32 ヶ月・40 ヶ月の子どものスクリーンタイムの関連を検討した結果、スクリー

ンタイムは ASD の体質に関連しており、原因ではなく、むしろ早期に ASD の兆候を見分けるシグナルであることがわかってきました（髙橋 他，2023）。ASD の遺伝的リスクを有している子どもは、同リスクのない子どもに比べて、スクリーンタイムが 3 時間以上や 4 時間以上のグループに入りやすいとのことでした。したがって、長時間見ている、見てしまうことを早期兆候と捉え、機器の使用時間に注意を払っていく必要があります。一方、デジタル機器による子どもの発達への影響についての研究は、まだまだこれからです。これからも端末利用による健康や発達への影響について、最新の研究成果に目を向けていきましょう。

保育の道しるべ

　コロナ禍での生活は、心身共に子どもたちに大きな変化をもたらしました。緊急事態宣言が発令されステイホームが長く続きました。2020（令和 2）年 3 月から筆者の勤務する園はお休みになり、再開したのは同年 6 月からでした。オンライン保育や保護者会・ホームページや動画配信など、ICT を駆使しながら各家庭とつながっていけるようにしました。

　登園再開時には三密回避から分散登園の日が続きました。コロナ禍では自宅で過ごした子ども、戸外で過ごした子ども、家庭の生活スタイルによって、基礎的体力の個人差が例年になく大きく感じました。2020（令和 2）年度は園での経験が極端に少なく、2021（令和 3）年度以降に進級しても 1 年遅れの印象を受けました。毎日通園し、短い時間であっても園で生活することが、子どもの心身の成長にどれほどの影響を与えるかを痛感しました。また、例年の発達年齢の感覚で保育を行うと怪我をする危険性があったので、コロナ禍での経験不足・個人差に気をつけながら保育を行っていました。

　近年は、保育後に体操、水泳、バレエ、サッカーなどのお稽古をして、毎日忙しい日々を過ごしている子どもが多いように感じます。ある日の子どもたちとの会話です。明日の幼稚園を楽しみに登園してほしいという保育者の願いから、帰りの時間にクラスの子どもたちに翌日の幼稚園の話をしました。すると、ある子どもから「明日は忙しいんだよね～」との返答がありました。「どうして？」と聞くと「だってお稽古があるんだもん！」「ん!?大丈夫！ みんなが幼稚園にいる時のお話だから…」「あ～よかった！」。

　それでも、子どもたちは何かができるようになることは、とても嬉しいことなので、お稽古でできるようになったことを誇らしげに教えてくれます。ある日、広いホールでいろいろなものに変身して競争をしました。ハイハイ、クマ、クモ、カエル、アヒルなど様々です。とても驚いたのは『ハイハイ』ができない子どもが多く、成長に伴って経験してきた動作なのですが、二足歩行に慣れてしまうと退化してしまうのでしょうか？ その出来事を思い出すと『這えば立て、立てば歩めの親心』という言葉が思い浮かびます。

　今は、子どもの成長も速くなり、室内の構造上もハイハイしている途中につかまる場所が沢山あることで、つかまり立ちが可能になりやすいということも、ハイハイ時期が短くなっている要因なのではないかと思います。子どもたちには園生活の中で、いろいろな体の動きを経験してほしいと思い、保育者は遊びや生活に取り入れるようにしています。

考えてみよう！

✎ 皆さんは、小さい時どんな遊びをしていましたか。今の子どもたちの遊びと比較してみましょう。

✎ 皆さんのデジタル機器の 1 日の利用状況（スクリーンタイム）はどうでしょう。子育て世帯に呼びかけたい、デジタル機器のルールの標語を考えましょう。

✎ 保護者フィジカルリテラシー UP プロジェクトとして、運動やスポーツに対する保護者の意識を変えるための園の取り組みやプログラムを考えてみましょう。

❀ 引用・参考文献 ❀

明石要一（2019）子どもの生活リズムが子どもの力を育てる. 子どもと発育発達, 17（1）, 5-8.

朝日新聞（2021）小中学生の視力低下 巣ごもり影響？. 2021/7/21 朝刊.

ベネッセ教育総合研究所（2022）第 6 回 幼児の生活アンケート ダイジェスト版. 3,6,8-9,10. https://benesse.jp/berd/jisedai/research/detail_5803.html（情報取得 2023/11/20）

学研教育総合研究所（2022）幼児白書 Web 版. https://www.gakken.jp/kyouikusouken/whitepaper/index.html（情報取得 2023/11/20）

原直人（2018）デジタル機器により生じる視機能の弊害. 日本眼科医会第 13 回日本眼科医会記者懇談会発表資料（2019/2/26）. https://www.gankaikai.or.jp/press/（情報取得 2024/2/4）

順天堂大学（2023）令和 4 年度「幼児期からの運動習慣形成プロジェクト（保護者等の運動遊びに関する行動変容調査）」成果報告書. スポーツ庁委託事業. https://www.mext.go.jp/sports/b_menu/sports/mcatetop03/list/detail/1422794_00003.htm（情報取得 2023/11/20）

株式会社 S'UIMIN（2021）睡眠学者・柳沢正史が教える「よりよい睡眠のための 12 箇条」. https://www.suimin.co.jp/column/MY12（情報取得 2025/2/6）

加賀照虎（2021）変わりつつある「ブルーライトは睡眠の天敵」説について. https://kaimin-times.com/blog/blue-light-sleep-15660（情報取得 2025/2/6）

加藤承彦・青木康太朗（2019）家庭の状況と子の長時間のインターネット使用との関連：『インターネット社会の親子関係に関する意識調査』を用いた分析. 日本公衆衛生誌. 66（8）, 426-437.

こども家庭庁（2024）保護者向け普及啓発リーフレット「ネット・スマホ活用世代の保護者が知っておきたいポイント. https://www.cfa.go.jp/policies/youth-kankyou/leaflet（情報取得 2024/8/22）

子どもたちのインターネット利用について考える研究会（2017）未就学児の生活習慣とインターネット利用に関する保護者意識調査結果. https://www.child-safenet.jp/activity/2664/（情報取得 2023/11/20）

子どもたちのインターネット利用について考える研究会（2017）未就学児の情報機器利用 保護者向けセルフチェックリスト（3歳から6歳）．https://www.child-safenet.jp/material/checklist/（情報取得 2023/11/20）

国立政策研究所（2022, 2021）全国学力・学習状況調査 報告書・調査結果資料．https://www.nier.go.jp/kaihatsu/zenkokugakuryoku.html（情報取得 2024/2/4）

文部科学省中央教育審議会（2005）子どもを取り巻く環境の変化を踏まえた今後の幼児教育の在り方について（答申）．https://www.mext.go.jp/b_menu/shingi/chukyo/chukyo0/toushin/05013102.htm（情報取得 2024/8/22）

Nagahide Takahashi et al.（2023）The association between screen time and genetic risks for neurodevelopmental disorders in children. Psychiatry Research. Volume 327. https://www.sciencedirect.com/science/article/pii/S0165178123003451

内閣府（2023）令和4年度青少年のインターネット利用環境実態調査 調査結果概要．6-7,13,15．https://www.cfa.go.jp/assets/contents/node/basic_page/field_ref_resources/ce23136f-8091-4491-9f29-01fc8a98cf83/18a29c16/20230401_councils_internet-kaigi_ce23136f_10.pdf（情報取得 2023/11/20）

日本経済団体連合（2018）提言 Society 5.0 －ともに創造する未来－．https://www.keidanren.or.jp/policy/2018/095.html（情報取得 2023/2/5）

日本小児保健協会（2011）幼児健康度に関する継続的比較研究．平成22年度総括・分担研究報告書．平成22年度厚生労働科学研究費補助金 成育疾患克服等次世代育成基盤研究事業．

日本小児科医会（2024）ポスター・保護者の方へデジタル社会の子育て「幼児期に大切なこと」．https://www.jpa-web.org/blog/uncategorized/a392（情報取得 2025/2/6）

野井真吾（2022）デジタル環境と子どもの"からだと心"の権利．子どものからだと心・連絡会議（編）（2022）子どものからだと心白書 2022．（有）ブックハウス HD．58,142．

スポーツ庁（2022）令和4年度全国体力・運動能力、運動習慣等調査．33,36-37,40-41．https://www.mext.go.jp/sports/b_menu/toukei/kodomo/zencyo/1411922_00004.html（情報取得 2023/11/20）

スポーツ庁（2018）幼児期の運動習慣向上好事例調査（平成30年度）．https://www.mext.go.jp/sports/b_menu/sports/mcatetop01/list/detail/1415508.htm（情報取得 2023/11/20）

田口喜久恵（2021）デジタル社会の子どもの育ちを支える保育内容健康．北大路書房

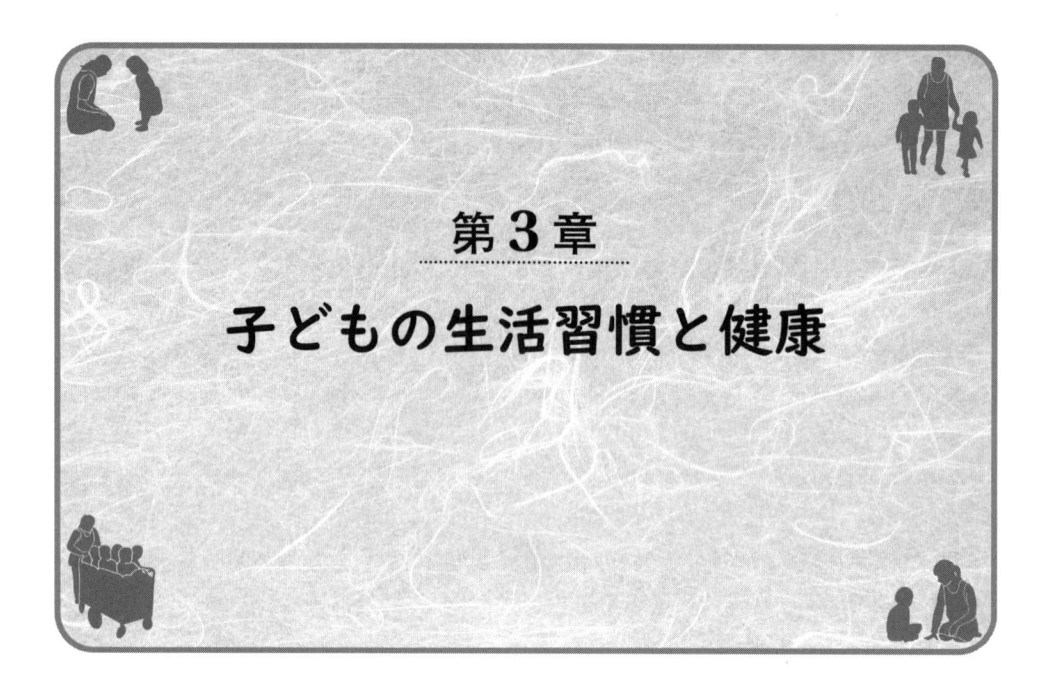

第3章
子どもの生活習慣と健康

この章で学ぶこと

✿ 生活習慣とは何かを理解します。

✿ 幼児期に身につけたい生活習慣について、具体的な内容を理解します。

✿ 幼児期に基本的生活習慣を身につける意義を考えます。

✿ 諸外国との比較から見る我が国の子どもの生活習慣の特徴を学びます。

✿ 各発達段階における基本的生活習慣の獲得と援助の方法を考えます。

　幼児期は、快適な日々を過ごすための基本的生活習慣を身につける時期です。それは主に「食事」「睡眠」「排泄」「清潔」「衣服の着脱」等です。発育発達が著しい幼児期において、心身の育ちと基本的生活習慣とは深く関わり合っています。そこには、個人差だけでなく国や文化、時代等の差があることを踏まえながら、援助をする上で知っておきたい内容と目安について学んでいきましょう。

3.1　幼児期に身につけたい生活習慣

　この節では、基本的生活習慣について理解し、なぜ幼児期に身につける必要があるのかを考えます。

3.1.1　🦋 基本的生活習慣とは

　人にとっての快適な1日とは、どのようなものでしょう。大部分の人が、朝、目覚めて明るい太陽の光を浴び、夜の静けさの中で眠りにつきます。食事は3回、適度に体を動かし、手洗いやうがいをしたり入浴したりして清潔を保ち、着心地のよい衣服を身につけ、排泄をします。快適な1日を過ごすために、なんと多くの活動を私たちはこなしていることでしょう。しかしいずれも、特に意識もせず、こなしている人が多いはずです。なぜならば、これらは人にとって習慣化しているものだからです。

　私たちが毎日何気なく行っている習慣は、実は、生きていく上で欠かすことのできない大切な営みであり、「基本的生活習慣」と呼ばれます。具体的には、主に「食事」「睡眠」「排泄」「清潔」「衣服の着脱」の活動のことです。こうした基本的生活習慣を、人は、いつ、どのようにして身につけていくのでしょうか。それは、この世に生まれ落ちてから、毎日の生活の中で徐々に身についていくものです。

　生活を通して生きるために必要な習慣を身につけていくことを、「生活習慣の獲得」といいます。生活習慣の獲得の時期は、ほとんどが就学前の時期です。自分では何もできない状態からスタートして、たった数年間で、ある程度自分のことは自分でできるまでになるため、その過程には周りの大人の援助や見守りが欠かせません。また、前提として、子ども自身の心身の状態が安定していることも忘れてはならないでしょう。

3.1.2　🦋 幼児期に基本的生活習慣を身につける意義

　なぜ、幼児期に基本的生活習慣を身につける必要があるのでしょうか。「健康」と「学びに向かう力」というキーワードから、考えてみましょう。

　まず、「健康」の観点からです。「生活習慣病」という言葉を聞いたことがあると思います。これは、食習慣、睡眠習慣、運動習慣といった生活習慣が、発症・進行に大きく影響する疾患群のことを指します。たとえば、肥満、高血圧症、高脂血症、糖尿病、骨粗しょう症などが当てはまり、時には、脳や心臓の疾患、がんのような生命に関わる重大な病を引き起こすことがあるため、軽視できません。その主な原因として考えられているのが、基本的生活習慣の乱れなのです。

　生活習慣病は、大人になってから気をつければよいものではありません。たとえば幼児の肥満に関する調査によれば、幼児期に肥満になると、10代以降の肥満につながりやすいとの報告がされています（日本小児医療保健協議会, 2019）。そしてこの肥満は、将来の生活習慣病のリスクを高めるというのです。では、どうすれば、

適切な生活習慣である基本的生活習慣を身につけることができるのでしょうか。

　基本的生活習慣は、規則正しい生活を送ることから始まります。実は、規則正しい生活の定義はありません。ただし、大部分の人にとっての規則正しい生活とは、「健康づくりの 3 要素」が充実している生活と言い換えることができ、それは、「睡眠」「食事」「運動」なのです（厚生労働省, 2014）。規則正しい生活は、身体的側面だけではなく、精神的側面にも影響を及ぼします。その人自身にとって、心身が安定した状態は、健康といえるでしょう。このように、生涯にわたる健康のためにも、基本的生活習慣を早期に身につけることが大切なのです。

　次に、「学びに向かう力」の観点から考えてみましょう。「学びに向かう力」とは、小学校の新学習指導要領（2020）に加えられた教育目標の 1 つで、幼児期の豊かな遊びや生活を通した育ちが、小学校での主体的な学習態度を育むための基礎になるという考え方です（国立政策研究所, 2018）。

　たとえば、基本的生活習慣が身についていれば、朝、気持ちよく目覚めて十分な食事を摂り、排泄をしたり清潔な衣服を身につけたりできます。就学前ならば、保育施設で友達と元気に遊び、手洗いやうがいを進んで行い、昼食を味わい、充たされた気持ちで心地よく午睡に入るでしょう。このようなサイクルが身についていないと、小学校入学後に、遅刻をしたり、朝食をとらずに頭がボーっとしたり、休み時間の排泄が難しかったり、体操服に着替えられなかったり等々、何かしらの支障

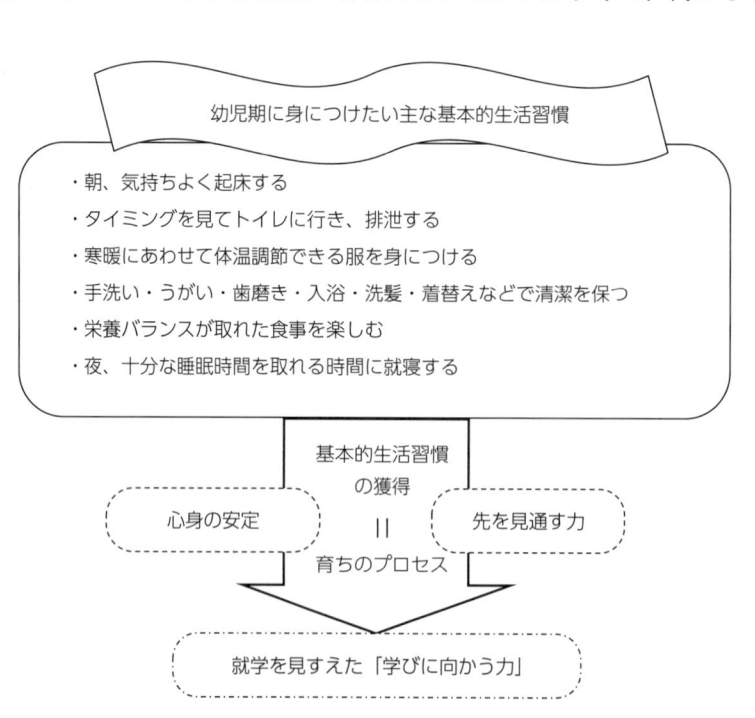

図 3.1　基本的生活習慣の獲得から学びに向かう力へ

をきたす恐れがあります。幼児期に基本的生活習慣を獲得していることが、その後の学びへと歩みを進めるために大切なのです。そしてまた、基本的生活習慣を身につけること自体が、大きな成長のプロセスであることも見逃せません。その成長を通して得られる、心身の安定や、先を見通す力も、「学びに向かう力」につながります。こうした一連のプロセスを示したのが、図 3.1 です。

　このように幼児期の基本的生活習慣は、小学校と連携する育ちの一環としても捉えられるのです。

3.1.3 🌱 睡眠の例に見る諸外国との比較

　4〜6 歳の子どもの生活時間を調べた 2018（平成 30）年のある国際調査によると、日本の子どもの約 7 割が、平日の朝は 7 時頃までに起床していました（ベネッセ教育総合研究所，2018）。それは、北欧のフィンランドと同じくらいの比率です。それに対して、中国では 7 時頃までに起床している子どもは約 5 割でした。この調査で対象となった日本、中国、インドネシア、フィンランドの中で、最も起床時間が遅かったのが中国で、およそ半数の子どもが 7 時半以降に起床する習慣があるということがわかったのです。

　では、就寝の時間はどうでしょうか。中国では約 4〜5 割の子どもが 22 時以降に就寝します。それに対して、22 時以降に寝る子どもは、日本では約 2 割、フィンランドでは 1 割以下でした。この結果から、中国の子どもは、遅寝遅起き、つまり生活リズムが夜型の傾向があると指摘できます。それに比べると日本は少ないものの、22 時以降に就寝する子どもが 2 割程度いるということということが明らかになりました。日本小児保健協会が 1980（昭和 55）年・1990（平成 2）年・2000（平成 12）年に行った幼児期の睡眠の習慣に関する調査によれば、1 歳 6 か月児・2 歳児・3 歳児・4 歳児・5〜6 歳児のすべてにおいて、22 時以降に就寝する割合が増加しているという結果が出ています（日本小児保健協会，2001）。ここから、日本においても、子どもの生活時間が夜型に変化しつつあることがわかるでしょう。

　3 歳以上児の理想的な睡眠時間は、10〜13 時間程度です（表 3.1）。しかり 22 時

表 3.1　1 日の理想的な睡眠時間
厚生労働省（2024）健康づくりのための睡眠ガイド 2023. 15–18. より筆者作成

月齢・年齢	時間
4 か月〜12 か月	12〜16 時間
1 歳〜2 歳	11〜14 時間
3 歳〜5 歳	10〜13 時間

以降に寝たら、睡眠が 8 時間未満になる恐れがあります。また、遅い時間まで目が覚めていると、成長に必要なホルモン分泌に影響が出ることもわかっています。ちなみに、フィンランドで最も多い就寝時間帯は、20 時〜21 時頃です。この時間帯に寝れば、翌朝 7 時頃に起きても 10 時間以上の睡眠時間が守られます。

　なぜ日本でも子どもの生活リズムが夜型になってきたのでしょうか。その原因は、1 つではありません。たとえば、共働き家庭の増加により、夕食以降の時間が遅くなることが考えられますが、フィンランドでは約 8 割が共働き家庭です。日本では、働き方や子育ての担い手などの諸問題が、潜んでいると考えられます。睡眠を例として見てきましたが、子どもの生活習慣について考える際は、日本の社会全体を捉えた広い視点からの問題の掘り起こしが必要といえるでしょう。

こんなとき、どうする？

　保育所では、一般的に午睡の時間があります。A 児は、午睡の後もいつも眠そうです。どのような理由が考えられるでしょう。また、A 児の生活リズムを整えるために、あなたならどのような対応をしますか。　　　　　　　　　　　　　▷

3.2　基本的生活習慣の形成—心地よさを大切に

　この節では、食事、睡眠、排泄、衣服の着脱、清潔の 5 項目について、子どもにとっての意義とねらいを学び、保育者の援助について考えます。

3.2.1 　食事の習慣

　保育施設における食事の習慣について、「食事の役割」の観点から考えていきましょう。

　第一に、生命を維持するための必要なエネルギーの摂取という役割があります。そのためには、様々な素材を使い、栄養バランスの取れた献立を、なるべく好き嫌いなく食べられるように努力する姿勢を後押しします。

　第二に、おなかがすいた状態で、食べたいという欲求を充たす役割があります。そのためには、ある程度決まった時間におなかがすく生活リズムが必要です。たとえば午前中にからだを使って思い切り遊ぶことで、空腹を自覚できるようになるでしょう。食事や補助食の回数やタイミングなどは、月齢と年齢および個人の発達の

差によります。

　第三に、自立して楽しく食べる役割があります。そのためには、スプーンやお箸などの食器が使えるようになったり、他の子どもや保育者らと一緒に食事をする楽しさや喜びを味わえたりするような環境が必要です。また、食材や調理に対する興味を引き出す工夫もできるとよいでしょう。

　次に、発達段階ごとのねらいと内容を、保育所保育指針（平成 30 年）から見てみましょう。

　乳児期は、離乳食が完了期へと徐々に移行する中で、様々な食品に慣れるようにすると共に、和やかな雰囲気の中で食べる喜びや楽しさを味わい、進んで食べようとする気持ちを育むようにすることが大切です。個人差に応じて授乳を行い、離乳を進めていく中で、様々な食品に少しずつ慣れ、食べることが楽しくなるような援助を心がけます。

　1 歳以上 3 歳未満児は、様々な食品や調理形態に慣れ、ゆったりとした雰囲気の中で食事や間食を楽しむことが求められます。

　3 歳以上児は、和やかな雰囲気の中で他の子どもや保育者らと食べる喜びや楽しさを味わったり、様々な食べ物への興味や関心をもったりするなどし、食の大切さに気づき、進んで食べようとする気持ちが育つようにする工夫、すなわち食育を通じた食習慣の形成を目指します。

　なお、いずれの段階でも、食物アレルギーの子どもへの対応は、万全の注意を払う必要があります。

3.2.2　🦋 睡眠の習慣

　睡眠の役割は、大きく分けて 3 つあります。1 つ目は、精神・身体的活動を休止して、脳の疲労・からだの疲労を回復させることです。これによって、免疫力を高め、抗ストレス作用がある成長ホルモンが分泌されます。2 つ目は、眠っている間に、脳内で記憶の整理、定着が行われます。3 つ目は、体内時計のずれをリセットする役割があります。地球の自転にかかる時間は 24 時間であるのに対して、人間の体内時計の 1 日は 24 時間 10 分とされます。そのため、両者には毎日約 10 分のずれが生じるわけですが、睡眠によって、体内時計がリセットされ、ずれの影響を受けずに済むのです。このように、睡眠には、心身の休息とメンテナンスという非常に大切な役割があります。

　それでは、よい睡眠とは、どのようなものでしょうか。それは、適切な時間に、安全な環境で、深く心地よい眠りが得られることでしょう。未就学の時期は、夜間だけでなく、昼間の睡眠も大切です。それが、午睡の習慣なのです。

　新生児期には、昼夜の区別なく、1 日に何度も覚醒と睡眠が繰り返されます。そのうち夜間の睡眠が長くなり、1 人ひとりの生活リズムに応じて、安全な環境のもとで午睡をするようになるのが、乳児期です。昼間の午睡のみで足りるようになると、1 歳以上 3 歳未満児は、保育園での生活リズムの 1 つとして、毎日決まった時間に午睡を行います。それによって、朝から昼食までの活動の疲れをとり、心身をリセットさせることができるのです。

　なお、就学前の時期は、徐々に午睡の時間を短くしていき、午睡がなくても 1 日を過ごせるように調整していきます。そうすることで、夜間にたっぷり眠ることができ、早寝早起きの習慣も身についてくるでしょう。

3.2.3 　🦋 排泄の習慣

　基本的生活習慣を獲得する時期については目安がありますが、排泄は前提として特に個人差が大きいことを理解しておきましょう。

　排泄においては、「おむつを外す」ことに意識が向きがちですが、まずは「排泄を伝えられる」ようになることに意識を向けることが大切です。おむつをつけた乳児が排泄を知らせる方法は何でしょう。その多くは、「泣く」ことで知らせます。おむつや衣服の交換時には、泣いて知らせた子どもに寄り添いつつ、清潔になることの心地よさを子ども自身が実感できるようにします。保育者は、1 人ひとりの状況を把握し、決して無理をさせず、家庭と連携しながら排泄の習慣形成を進めていきましょう。

　1 歳以上 3 歳未満児は、便器での排泄に慣れ、自分で排泄ができるようになる時期です。排尿間隔を踏まえ、たとえばおむつが汚れていない時に便器に座る試みをするなどして、少しずつ便器での排泄に慣れさせていきましょう。また、子どもが不安がらずに排泄のタイミングを伝えられる雰囲気作りも大切です。うまくいった時に褒めることで、子どもの中で自信が育まれ、排泄の習慣形成へつながっていくでしょう。

　その続きとして、3 歳以上児には、自分で排泄ができるように援助します。具体的には、決まった時間にトイレに行くように促したり、子ども自身のタイミングでトイレに行けるようにしたりすることが必要です。まだ失敗することもありますが、決して責めず、また周りの子どもから、からかわれることのないように注意します。

　排尿・排便後は、トイレットペーパーで拭いたり、手を洗ったりすることも指導します。なお、この機会に性器（プライベートゾーン）を保護する必要性といった話もできるのではないでしょうか。

　幼児期の排泄については、その結果だけでなく、子どもの気持ちに寄り添う姿勢

を大切にしたいものです。近年の研究では、保育者が1人ひとりの排尿行動の現状を丁寧に受け止め共感することで、子どもの心の安定が図られ、自己肯定感を育む機会になると指摘されているからです（大西, 2022）。排泄を援助する保育者は、普段から子どもと信頼関係を築き、スモールステップを見極めて「嬉しさ」「やる気」を引き出す言葉がけを心がけましょう。

3.2.4 🦋 衣服の着脱・清潔の習慣

衣服の着脱には手指の発育・発達の状態が関わるため、個人差があります。

1歳以上3歳未満児は、保育者の助けを借りながら、衣服の着脱を自分でしようとする姿が見られます。上手にできた時は、声に出して褒めましょう。なかなかうまくいかず、時間がかかることもありますが、保育者は見守る姿勢でいることが大切です。また、途中まで手を貸して、仕上げは子どもが自分で行うなど、子どもの気持ちに寄り添うように心がけましょう。

清潔についても、子ども自身が「気持ちいい」「さっぱりする」などを自覚できるような言葉がけと共に、働きかけます。保育施設で一斉に指導することによって、家庭では嫌がることも、できるようになる場合は少なくありません。手洗い、うがい、手拭き、歯磨き、爪切り、入浴、洗髪などは、病気の予防にもなります。その必要性を理解して、行動できるように導きたいものです。

3歳以上児は、身の回りを清潔にし、衣服の着脱のような生活に必要な活動を自分でするようになります。汚れたら着替える、暑ければ上着を脱ぐ、寒ければもう1枚着るなど、自分の状態を見極めて判断し、活動できるようになることが目標です。また、1日の流れをある程度把握し、その流れに沿って何をするかの見通しをもって活動することも必要になります。さらに、他の子どもの行動から学び合う姿も見られます。そのため、「なぜこの行動をするのか」「この後は何をするのか」といったことを、自らが考えるとともに、子ども同士で共有しながら生活できるとよいでしょう。

また、子どもの心の状態によっては、できることでも保育者の手を借りようとすることがあります。そのような時には、できるだけ子どもの気持ちに寄り添いながら、対応する必要があります。次頁の「こんなとき、どうする？」で考えてみましょう。

保育施設で育んだ生活習慣を途切れさせないために、家庭でも子どもが主体的に実行できるように、家庭との連携を取ることも大切です。なお、子どもの日常的な清潔において問題がある場合は、家庭や周辺の環境等で何らかの問題が生じていることが原因であることもあります。発達の個人差を考慮しつつ、このような問題も見逃さないよう、注視しましょう。

こんなとき、どうする？

　着替え時、B 児は靴下を持ってきて、保育者に「はかせて」と差し出してきました。B 児は、いつもは自分で靴下を履けます。B 児は、なぜこのような言動をするのでしょう。また、保育者として、どのように対応しますか。　　　　　　▷

インクルーシブの視点から

　子どもにとって、基本的生活習慣の獲得がいかに重要かを理解したあなたは、保育者として、自分が担当するクラスの子どもたちのよりよい基本的生活習慣の獲得に向けた、活動計画を立てることができるでしょう。では、クラスの中に、肢体不自由児や発達障害児がいたら、食物アレルギーや宗教上の理由で行動が制限される子どもがいたら、どうしますか。もしかしたら、みんなで一緒の活動をすることは難しいと考えるかもしれませんね。しかし、そもそも基本的生活習慣の獲得は、個人差が大きいものです。最終的な目標（自立した生活習慣）を決めたら、そこに進む道のりや早さは、子どもによって異なります。みんなで足並みを揃えようと頑張る必要はありません。

　衣服の着脱が苦手な誰かがいたら、他の誰かが援助する。食物アレルギーや宗教上の理由で他の人と違う食事をする誰かがいたら、その人にとっては必要なことなんだと認める。食事や睡眠、排泄、衣服の着脱、清潔といった、人間としての基本的な生理的事象は同じでも、大なり小なり違いがあることに気づくことも大切なのです。子どもから発せられる「なぜ、違うの？」という素直な感情を、保育者は抑えつけたり否定したりせず、違いを認め、どうしたら心地よく過ごせるかを一緒に考えられるといいですね。

　1 人ひとりに寄り添う保育者の姿をみて、子どもたちも、自然と助け合うようになるでしょうし、自分が困っている時は、他の人に助けを求められるようになるでしょう。それは、子ども同士の学び合いに他なりません。思いやりの心をもち、相手にとって何が心地よいのかを想像して行動できる、また、自分の状況を理解して声を上げられる、それこそが社会で生きていく上で必要な力なのではないでしょうか。　　　　　　　　　🌱

3.3　家庭との連携と課題

　この節では、基本的生活習慣を獲得するために欠かすことのできない、家庭と保育施設との連携について学びます。また、現代社会特有の課題についても考えます。

3.3.1 🦋 早起き・朝ごはん・排泄・早寝で元気な心と体に！

　朝起きる時間が遅くなると、眠くなる時間が後ろにずれて、翌朝早起きができず、夜更かしもしてしまう … という悪循環が生まれがちです。しかし、早起きして昼間に活動をすれば、夜になると自然と眠気が生じます。それはなぜなのでしょう。ヒントは、日光にあります。

　図 3.2 は、質のよい睡眠に欠かせないホルモンの分泌のメカニズムです。図の一番上にある「トリプトファン」という必須アミノ酸は、人体で作られず、食べ物から摂取します。そのため、まずは食事の内容が重要です。このトリプトファンを材料として、「セロトニン」という脳内物質が作られます。セロトニンは、別名「幸せホルモン」とも呼ばれ、興奮や不快感を鎮めて精神を安定させたり、寝つきをよくする効果を発揮します。また、セロトニンが多く分泌されると、ストレスにも強くなります。反対にセロトニンが不足すると、睡眠障害になったり、不安感や憂うつ感におそわれるともいわれています。このセロトニンを作り出す材料の 1 つが、図の一番上のトリプトファンと日光なのです。

　このセロトニンは、「メラトニン」という睡眠ホルモンを促すことでも知られています。メラトニンは、眠りを誘うホルモンであり、分泌されると寝つきがよくなり、深い眠りをもたらしてくれます。時間でいうと、日光を浴びてから 12 時間後から 15 時間後くらいで、メラトニンが発生します。たとえば 20 時に寝るならば、6 時〜7 時頃には起きて日光を浴びるとよいということになります。つまり、早起きをすることで早寝ができ、質のよい睡眠が得られるというわけです。幼児期の入眠時間は 20 時頃が理想とされていますので、家庭でも、早起きして日光を浴び、朝ご飯をしっかり食べ、排泄をし、昼間は活動して、夜、早寝をする、という生活リズムを心がけるとよいでしょう。

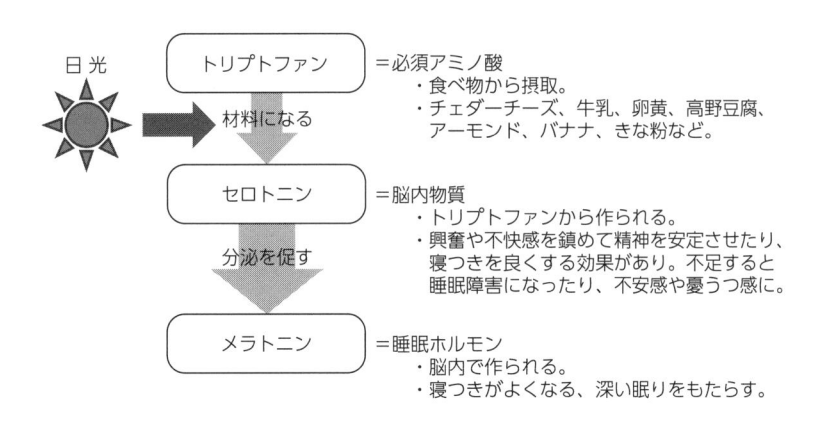

図 3.2　睡眠ホルモンが分泌するまでの経路

　夜間に十分な睡眠が得られないと、午前中の活動が不活発になるだけでなく、自律神経とホルモンのバランスが崩れ、成長に必要なホルモンの分泌が抑えられたり、食欲が増して太りやすくなったりすることがわかっています。何よりも、朝起きられず、朝食を抜いてボーっとしたまま登園しなければならなくなってしまいがちです。

　これ以外にも、手洗い、うがい、歯磨き、洗顔、入浴などの習慣化や、衣服の着脱の挑戦などは、家庭と保育施設とで切り離すことなく、相互に連動した取り組みを進めたいものです。3歳以上児頃からは、家庭での基本的生活習慣の活動状況を子ども自身でチェックできる工夫をしてもよいでしょう。たとえば、「早寝・早起き・朝ごはん・排泄・歯磨き」などの項目ごとに、〇をつけたり、シールを貼ったりできるカードを用意するのも、子どもの主体性や自立心を育むためには有効です。

　なお、一度身についた基本的生活習慣が崩れてしまうことがあります。それは、たまたま遅い時間までテレビを見てしまったなどの一時的な理由の場合もありますが、時には、体調不良や精神的不安定さが影響している場合もあります。いずれにしても、子どもからのメッセージとして受け止め、家庭と連携して理由を探り、適切に対応することが求められます。

3.3.2 　🦋 デジタル社会と生活習慣

　近年の機械化・高度情報化によるめまぐるしい社会変化は、生活を便利にした反面、運動不足や偏った食生活など、健康面に与える影響は小さくありません。

　デジタル機器を例にとれば、現代は、テレビだけでなく、スマートフォンやタブレットなどが普及し、大人だけでなく、子どもも少なからず影響を受けています。未就学児については、視聴タイプのデジタル機器の使用率が高く、特に「キャラクター、アニメの動画」の視聴が人気であるという調査結果があります（橋元他, 2019）。思い切りからだを動かす代わりに、じっと画面を見つめる時間が長くなることによって、どのような弊害があるのでしょうか。運動よりもエネルギーが消費されず、食が細くなったり、睡眠が浅くなったりします。また、過度なデジタル機器の視聴は、視力や運動能力の低下、情緒面の不安定さ、コミュニケーション力の低下などをもたらす可能性が指摘されています。

　その一方で、育児の強力な助っ人として、デジタル機器が活用されている現状も無視できません。総務省は、2020（令和2）年に、保護者を対象としたデジタル教材『スマートフォン、タブレット、ゲーム機などインターネットとどう向き合っていけばいいのか デジタル時代の子育てを一緒に考えてみよう！』（https://www.soumu.go.jp/main_content/000705809.pdf）を公開しました。

そこでは6歳以下の子どものデジタル機器利用について注意喚起がされ、一方的な視聴ではなく、会話を試みたり、一緒に行動したりすることが推奨されています。

　このように、子どもの生活の乱れは、現代ならではの背景をもつ家庭での過ごし方に起因することが少なくありません。子どもの頃から生活習慣に気をつけることが、将来の健康にもつながることを、保護者に根気よく伝えていく必要があるでしょう。

こんなとき、どうする？

　毎朝なかなか起きられず、朝食を抜いて登園する子どもがいます。生活習慣の改善について、保護者にどのような提案をしますか。　　　　　　　　　　▷

保育の道しるべ

　筆者が勤務する園では保育室の3歳児のロッカーは、1人ずつに仕切られた個人ロッカーになっています。4・5歳児のロッカーは3人（または2人）ずつに仕切られていて3人（または2人）で使うようになっています。トイレについても、発達年齢にあわせて違いがあります。3歳児は、3クラスの保育室と保育室の間に2箇所のトイレがあります。4歳児も、3クラスの保育室と保育室の間に2箇所のトイレがありますが、保育室と保育室の間には階段があります。5歳児は、学年で1箇所のトイレを使います。

　3歳児の入園当初は、5歳児のお当番が登園した3歳児を保育室まで連れていき、朝の身支度を手伝います。ロッカーに通園バックを掛け、タオルとコップを出して、所持品を置く場所を教えながら手洗い・うがいを促します。5歳児にとって朝のお当番は緊張しながらも張り切って行っています。年長児としての自覚を育むよい機会にもなります。

　5歳児の帰りの集まりでは、今日のお当番から朝の様子を話してもらい、明日のお当番に引き継ぎをします。「玄関の靴箱にその子のシールが貼ってあるから、そのシールを覚えてロッカーやタオル掛けの場所を教えてあげればいいよ！」「みんなできることとできないことが違うから、できないことを手伝ってあげる」など、自分の経験や工夫を友だちに伝えています。そして、1人ひとりの違いに気づきながら、個々に対応しようとしている姿に成長を感じます。

　保育者も個人差を踏まえた上で家庭と連携を取りながら生活を進めていきます。個人面談では保護者の方に幼稚園での子どもの様子を見ていただいた後に、保護者の方からの質問に応じて保育者が幼稚園での様子を伝えたり、保育者が家庭での様子をうかがったりしています。「家では全く自分のことをやらないのに、幼稚園では何とか自分でやってるんですね。少し安心しました」「家と同じです…」などなど。家庭と幼稚園が情報を共有することで、目の前の子どもが生活面の自立において、どのような発達状況にあるのか？ど

のような気持ちでいるのか？ を理解する大きな鍵となります。

　子どもにとって、自分のことが自分でできるようになるということは、自信につながります。特に排泄の自立は大きな自信につながります。近年、おむつはいつか取れるので無理に取る必要はないというアドバイスも聞かれますが、家庭と連携しながら、入園やお誕生日のタイミングを目標に自立を促していくと、子どもにとっても無理がないでしょう。

🖊 子どもが基本的生活習慣を身につけることの大切さを理解するための教材（絵本、紙芝居、手袋シアターなど）を探し、指導案を作成して実践してみましょう。

🖊 家庭での基本的生活習慣の状況（たとえば早寝・早起き・朝ごはん・排泄・歯磨きなど）を子ども自身でチェックできるカードを考案し、作成してみましょう。

🖊 保護者に基本的生活習慣の大切さを伝えるための効果的な方法（手紙や掲示物など）を選び、具体的なテーマや内容を考えて作成してみましょう。

❀ 引用・参考文献 ❀

ベネッセ教育総合研究所（2018）幼児期の家庭教育国際調査 − 4か国の保護者を対象に −. 7.

橋元良明・久保隅綾・大野志郎（2019）育児と ICT：乳幼児のスマホ依存 育児中のデジタル機器利用 育児ストレス. 東京大学大学院情報学環情報学研究, 35, 53–103.

国立教育政策研究所（2018）発達や学びをつなぐスタートカリキュラム. `https://www.nier.go.jp/kaihatsu/pdf/startcurriculum_180322.pdf`（情報取得 2024/12/5）

公益社団法人日本小児保健協会（2001）平成 12 年度幼児健康度調査報告書. `https://plaza.umin.ac.jp/~jschild/book/report_2000.html`（情報取得 2024/12/5）

厚生労働省（編）（2014）平成 26 年版厚生労働白書. 63. `https://www.mhlw.go.jp/wp/hakusyo/kousei/14/`（情報取得 2024/12/5）

厚生労働省（編）（2018）保育所保育指針解説. フレーベル館

日本小児医療保健協議会（2019）幼児肥満ガイド. 1. `https://www.jpeds.or.jp/uploads/files/2019youji_himan_G_ALL.pdf`（情報取得 2024/12/5）

大西由美子（2022）乳幼児期の発達に応じた環境設定 − トイレットトレーニングからの考察 −. 豊岡短期大学論集, 19, 79-88.

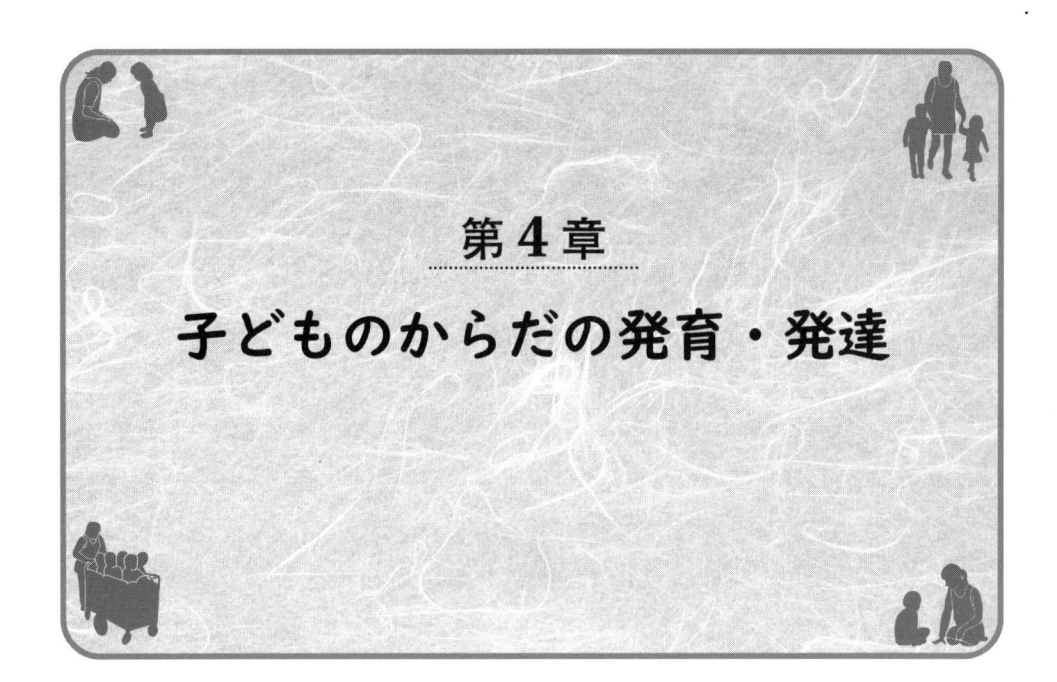

第4章
子どものからだの発育・発達

この章で学ぶこと

✿ 発育と発達の言葉の定義を学びます。

✿ 子どものからだの発育の様相を学びます。

✿ 子どものからだの発達の様相を学びます。

✿ 子どもの発育・発達を踏まえた保育における留意点を学びます。

　子どものからだは、大人のからだを単純に小さくしたものではありません。そのため、大人を対象とした場合の援助とは異なり保育の現場における援助の際には留意すべき点が多くあります。各段階における子どものからだの発育、からだの機能の発達を理解した上で、ふさわしい援助の方法について学びます。

4.1　乳幼児のからだの発育

　この節では、まずからだの発育について見ていきます。子どものからだの発育を理解し、援助する上での留意点について考えていきましょう。

4.1.1 　🦋 発育と発達

　子どもから大人に変化していく過程を示す言葉には、「成長」「発育」「発達」「成熟」などがあり、学問分野によりその定義や用いられる用語が異なります。「発育」という言葉、は「成長（growth）」と同義に使われる場合と、「成長」と「発達（development）」の両方を含めて使われる場合があります。「成長（growth）」は、身体の形態面の大きさや重さが成熟状態に近づいていくことを意味し、身長や体重などの身体の大きさ、重さが量的に増加することを示します。一方、「発達（development）」は、からだの機能的な側面が成熟に近づいていくことを意味し、内臓や感覚器の働き、運動機能、知識などの知的能力や認知能力、精神的、心理的、社会的能力などの非認知能力の質的な向上を表す際に使用されます。

　本章では、「成長」と同じく、身体の形態的な量的増加のことを示す場合に「発育」を用い、身体の諸機能の質的な向上を示す場合に「発達」を用いることとします。この、成長・発育と発達は、切り離して捉えるものではなく、量的に発育していくに伴い質的にも発達していくため相互に関連しながら成熟へ向かっていきます。また、幼児期は発育・発達共に著しい時期であり、かつ遺伝的・環境的要素に起因した個人差が非常に大きい時期でもあることを理解し、この時期に適切な生活習慣を身に付けたり、発育・発達に応じた援助をする必要があります。

4.1.2 　🦋 スキャモンの発育曲線

　からだの発育については、スキャモンの発育曲線が多く用いられます（図4.1）。スキャモンの発育曲線は、1930年、スキャモン（Scammon, R.E.）が、からだの器官ごとの発育の様子をある一定の事実の推定から導き出した仮説をもとに、発育の曲線パターンを提唱したもので現代においても様々な学問分野で広く用いられています。ヒトのからだの器官を一般型、神経型、リンパ型、生殖型の 4 つに分類し、出生時を 0 ％、成人のからだの発育量を 100 ％とし、各年齢においてそれぞれの器官が相対的にどれくらいの発育量があるか

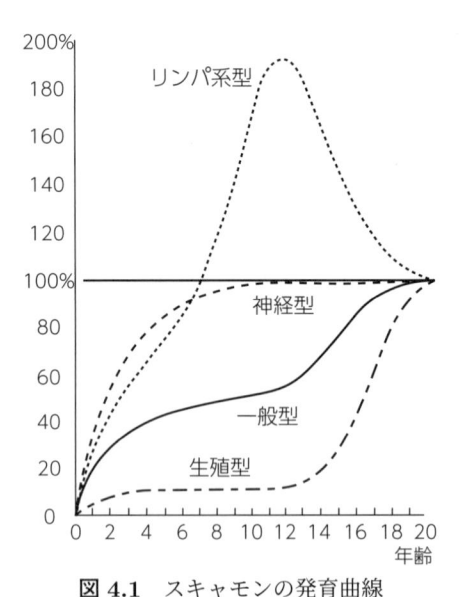

図 4.1　スキャモンの発育曲線
出典：Scammon, R.E.（1930）The measurement of the body in childhood. In: Harris JA, et al.(Eds.), The Measurement of Man: The University of Minnesota Press. 173-215. Scammon: Copyright © 1930 by the University of Minnesota

を示しています。仮説ではあるものの、今日まで広く活用されている背景には、現実の発育現象と照らし合わせた場合に非常に上手く説明でき、個々の器官のおおよその発育が概観できるという便利さがあるからだと考えられています。

一般型には、身長、体重などの全身の計測値、呼吸器、消化器、肺、腎臓、心臓などの胸腹部内の臓器の大きさ、筋、骨、血液量などが含まれます。0 歳からの乳幼児期に急速に発育し、5 歳頃から 12 歳頃までは緩やかな発育を示したのち、思春期といわれる 12、13 歳頃に再度急速に発育をし、S 字状のカーブを描きながら成人で 100％となります。

神経型は、言語や動作、身のこなしなどに関連する脳、脊髄、視覚器などの発育を示しています。0 歳から急激に発育し、2 歳で約 60％、4，5 歳で約 80％、6 歳頃に約 90％に達します。乳幼児期から児童期にかけて急速に発育するため、この時期に感覚器と運動器の協応性を高め、運動動作を身につけることは非常に重要であると考えられています。

リンパ型は、免疫機能に関連する胸腺や扁桃腺、リンパ節の発育パターンを示しています。生後から 12、3 歳までにかけて急激に発育し、成人のおよそ 200％となり、その後、思春期を過ぎてから成人へと近づいていきます。学童期に扁桃腺が腫れやすかったり、思春期にニキビができたりするのは、学童期から思春期にかけての過剰な発育のためであると考えられています。

生殖型は、男児の陰茎、睾丸、女児の卵巣、乳房、子宮などの発育パターンを示しています。実際は、男女で異なりますが、出生後から 14 歳頃まではわずかに成長するだけですが、思春期が始まる 14 歳あたりから急激に発達し、20 歳で 100％となります。

からだの発育は器官によって発育の時期や速度が異なり、それぞれの発育にあわせて援助が必要です。また、発育の著しい時期に運動経験などの適切な働きかけをすることによって機能面での発達も期待ができます。しかしながら、その時期にしか発達が望めないというわけではないことも忘れてはなりません。

4.1.3 身長と体重の発育

身長は、からだの大きさを評価する基本的な指標となり、からだの発育を理解し、発育状況を知るために重要な指標です。日本人の出生時の平均身長は約 50 cm、平均体重は約 3000 g です。スキャモンの発育曲線にもみられるように、出生後から数年は増加が著しく、生涯の中でも最も増加スピードが速い時期となります。身長は 1 歳頃で出生時の 1.5 倍の約 70 cm、5 歳頃で約 2 倍の約 100 cm となります。また、体重は、出生後 3 か月で 2 倍の約 6 kg、1 歳児で 3 倍の約 9 kg となり、5 歳児にお

いては約 18 kg と 6 倍にもなります。

　身体測定は、疾病の発見や栄養状態の把握などを目的にして定期的に行います。厚生労働省は、およそ 10 年に一度の頻度で全国規模の調査をし、その結果を公表しています（図 4.2）。また、「乳幼児身体発育曲線（厚生労働省）」（図 4.3、4.4）などを使用し、測定時の発育状態だけではなく、出生から測定時までの成長過程を含めて経時的に評価する必要があります。発育曲線は、全国的な調査によって得られたデータを集計し、月齢や年齢を横軸、測定項目のパーセンタイル値（3、10、25、50（中央値）、75、90、97 パーセンタイル）を縦軸に取り曲線で示したものになります。この曲線に個々の子どもの測定値をプロットして身体発育を評価していきます。3 パーセンタイル未満、あるいは経時的に各基準線を横切って低下をするなどの場合、発育に偏りがあると捉え食事摂取状況の見直しなどの援助を行います。また、乳幼児身体発育曲線の活用・実践ガイド（2021）では、身長の増加不良の場合は疾病や虐待の背景を考慮する必要性を指摘しており、何らかの介入が必要になることが多いといわれています。

　発育曲線を適切に用い子どもの発育を援助していく必要がありますが、からだの大きさや発育スピードには個人差があり、1 人ひとり違うということを理解しておきましょう。

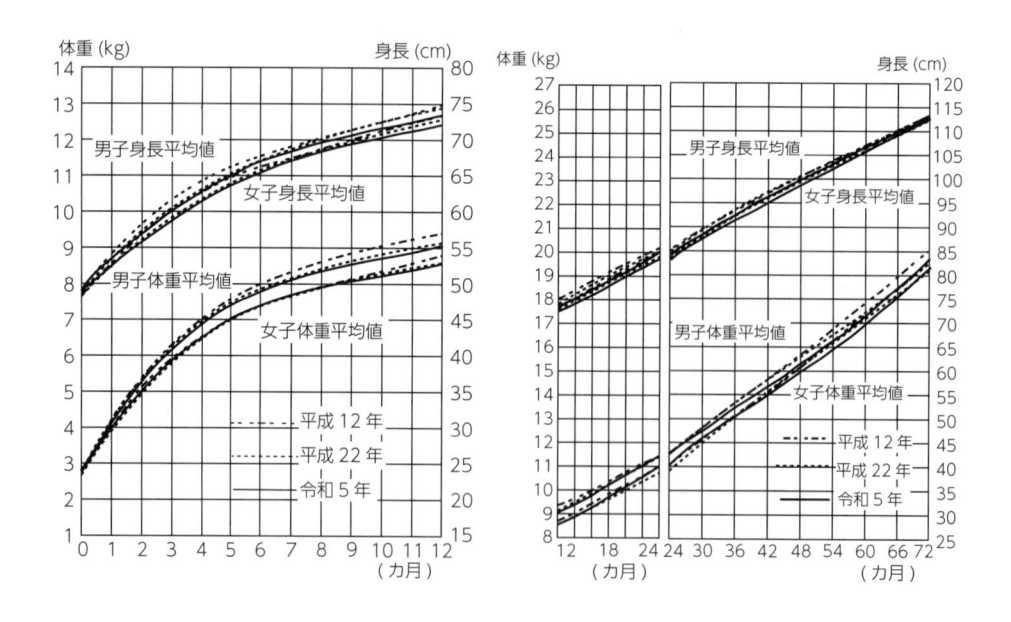

図 4.2　乳幼児の身長及び体重の平均値
出典：こども家庭庁（2024）令和 5 年乳幼児身体発育調査

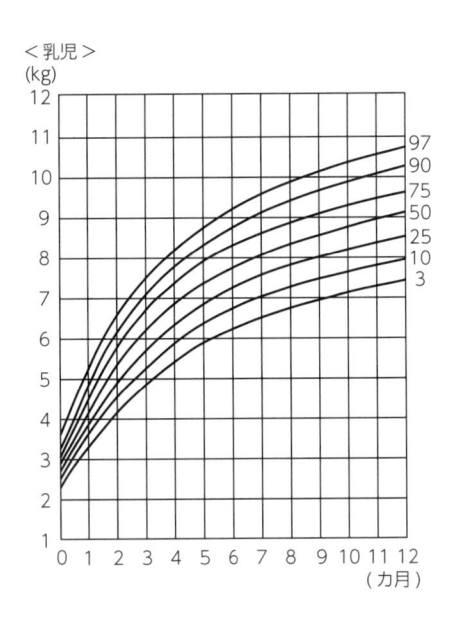
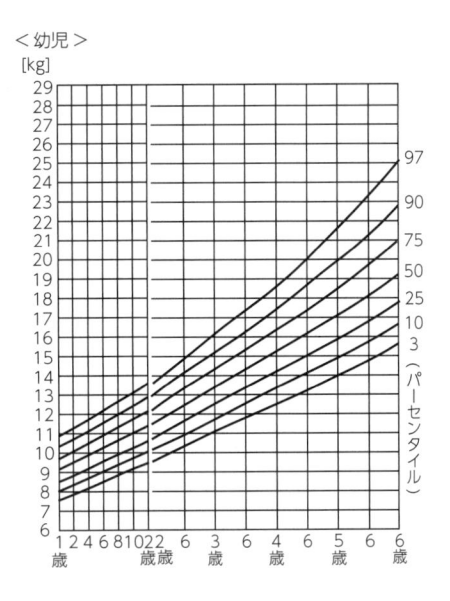

図 **4.3** 乳幼児（男児）の身体発育曲線（体重）
出典：こども家庭庁（2024）令和5年乳幼児身体発育調査

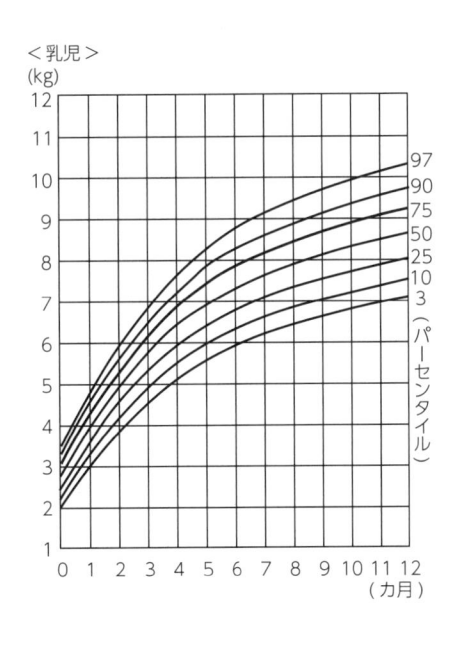
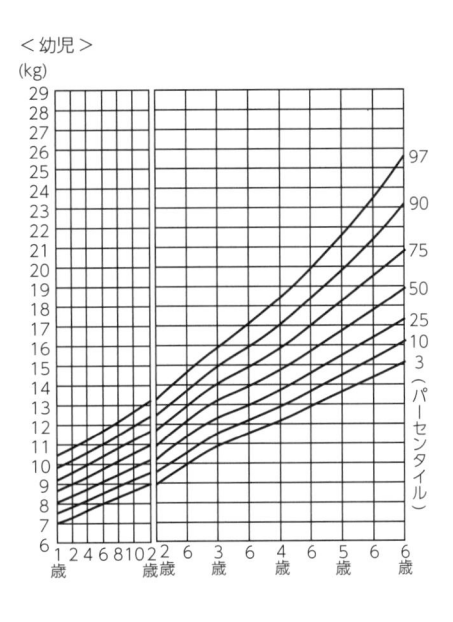

図 **4.4** 乳幼児（女児）の身体発育曲線（体重）
出典：こども家庭庁（2024）令和5年乳幼児身体発育調査

4.1.4　❀ 体格の発育

　身長に占める頭部の割合の変化を見てみると（図4.5）、出生時は4頭身であり、2歳頃で5頭身、6歳頃で6頭身となります。これは、頭部の発育が他の部位よりも早く始まり、かつ発育スピードが速いためであり、徐々に体幹や上肢、下肢の発育量が増えることにより頭でっかちな印象は薄れていきます。そして、12歳頃で7頭身、成人になると8頭身となります。

　成人のバランスとは異なり、乳幼児は頭が大きく重く、また体幹や手足が短いため重心が高い位置になります。そのため、様々な場面で転倒しやすく、また頭から落ちてしまうことがあります。他にも大人とは動作様式が異なり、大人と違う動きをすることがあります。これらのことに注意を払い、周辺環境や遊びの場面での安全管理、年齢にあわせた安全教育をしっかりと行う必要があります。

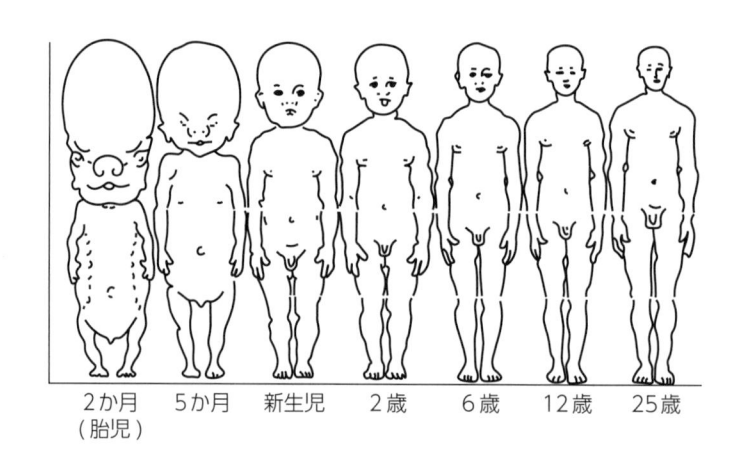

2か月　5か月　新生児　2歳　6歳　12歳　25歳
（胎児）

図 4.5　胎児期と出生後の身体の形と割合の変化

出典：C.M.Jackson（1929）Some aspects of form and growth. In: W.J.Robbins, S.Brody, A.F.Hogan, C.M.Jackson & C.W.Greene（Eds.）Growth. Yale University Press. 118.

4.1.5　❀ 子どもの身体組成

　幼児期は発育に伴い身体組成も著しく変化する時期です。乳児期の間に男女とも体脂肪率20％前後まで上がり体脂肪が皮下組織に蓄積されます。その後、幼児期には体脂肪が減少し、その後女子は7歳頃から再度体脂肪が増える傾向にあります。肥満とは、単に体重が多いことではなく、体脂肪が過剰に蓄積された状態のことを指し、脂肪細胞内の容量の増加と脂肪細胞の数の増加によって引き起こされますが、乳幼児期の肥満は主に細胞数の増加によって引き起こされると考えられています。また、一度増えた脂肪細胞の数は、その後減ることはないため、日本小児内分泌学会によると、乳児肥満の多くは運動量が増えることにより自然と解消されていきま

すが、幼児期の肥満の約 25%、学童期の肥満の約 40%、体形が形成され生活習慣が決まってしまう思春期の肥満の 70〜80% が成人以降の肥満に移行すると考えられています。また、成人後の健康への肥満による悪影響が懸念されるだけではなく、子どもにおいても身体的（糖尿病、高血圧、高脂血症、睡眠時無呼吸症候群、喘息など）あるいは精神的（うつ病や自尊心の低下など）な疾患発症の可能性が確認されています（安部, 2022）。そのため、この時期に肥満予防をすることは非常に重要であると考えられます。

　肥満とは、体脂肪が過剰に蓄積された状態のことを指すので、肥満の判定には体脂肪率（体重に占める体脂肪の割合）を用いるべきですが、体脂肪率を正確に測定することは非常に困難です。そのため、子どもの肥満の判定には身長と体重の測定値から評価する方法が採られ、カウプ指数（BMI：Body Mass Index）や実測体重と標準体重との差を標準体重で除して求める肥満度、身長体重曲線（図 4.6）などが用いられます。カウプ指数（BMI）は、以下の式で求めることができます。

$$カウプ指数 = \frac{体重 [\text{g}]}{(身長 [\text{cm}])^2} \times 10$$

　厚生労働省は、幼児のカウプ指数の基準値を 15〜17 とし、14 未満を「やせぎみ」、18 以上を「ふとりぎみ」としていますが、子どもは発育が著しく、身長だけが急激に伸びる時期があったりなど、カウプ指数では正確な評価ができないともいわれています。そのため、カウプ指数の絶対値ではなく、パーセントタイル値を用いて評価する方法があります。ですが、この方法も誤差が生じやすく正確な評価ができないという指摘もあり（日本小児医療保健協議会）、身長を変数として標準体重を求め、実測体重との差から肥満度を評価する方法がとられるようになりました。子どもの年齢により係数は異なりますが、幼児（3〜6 歳）の標準体重は下記の推定式で求めることができます（日本小児内分泌学会、日本小児医療保健協議会）。

　　男児　　標準体重 = 0.00206 × 身長 [cm] − 0.1166 × 身長 [cm] + 6.5273
　　女児　　標準体重 = 0.00249 × 身長 [cm] − 0.1858 × 身長 [cm] + 9.0360

次に、求めた標準体重と実測体重から肥満度を計算します。

$$肥満度（\%）= \frac{実測体重 [\text{kg}] − 標準体重 [\text{kg}]}{標準体重 [\text{kg}]} \times 100$$

そして、算出された肥満度を表に照らし合わせて評価します。

　この肥満度は広く理解しやすい評価基準ではありますが、即時的に評価をすることができません。そこで、身長と体重の実測値から肥満度区分がすぐにわかる「幼児

の身長体重曲線」が作成され、実際の保育の現場で広く利用されています（図 4.6）。

　2021（令和 3）年度の学校保健統計調査（文部科学省）によると、5 歳児における肥満傾向児の割合は男児で 3.61%、女児で 3.73% と他の年代に比べて低いものの、増加傾向にあります。子どもの肥満の発症には、遺伝的要因と共に環境的要因（食生活、ストレスなどの心理的要因）及び行動要因（身体活動、睡眠、スクリーンタイムなど）といった多面的要因が影響しており、その中でも乳児期から幼児期の生活習慣が肥満の発症に最も大きな影響を及ぼしている可能性がある（安部, 2022）と考えられています。乳幼児の生活習慣は保護者の生活習慣の影響を大きく受けやすいので、家庭と連携をして適切な援助をしていくことが重要となります。また、幼児期の肥満の予防や解消には、食事摂取を制限するよりも、からだを使った運動遊びにより消費エネルギーを増大させることが重要となります。

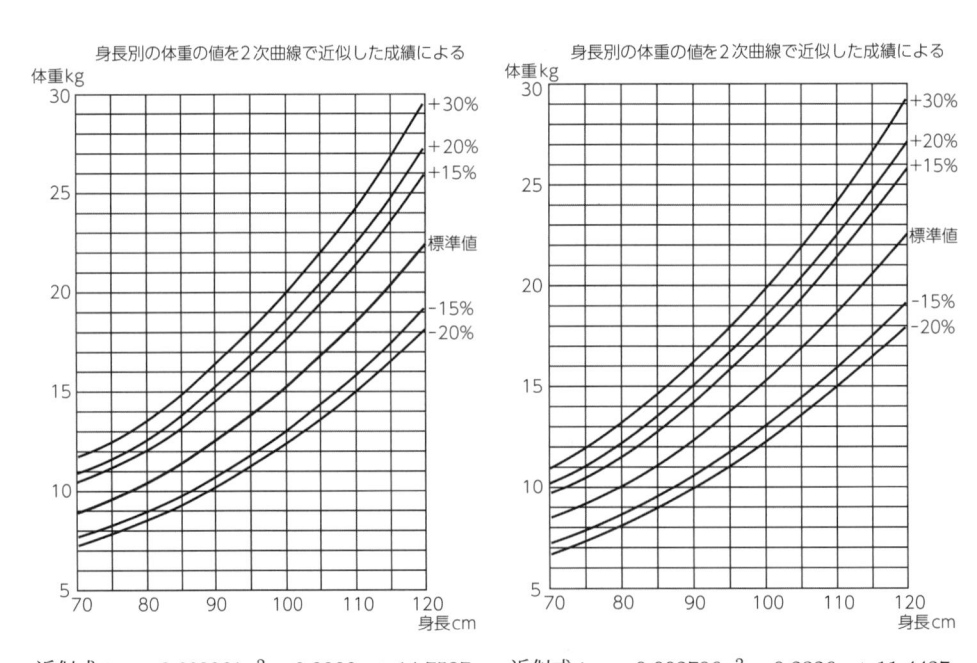

近似式：$y = 0.002961x^2 - 0.2900x + 14.7527$　　近似式：$y = 0.002706x^2 - 0.2326x + 11.4427$

図 4.6　幼児（左：男児、右：女児）の身長体重曲線
出典：こども家庭庁（2024）令和 5 年乳幼児身体発育調査

4.1.6　🦋 骨の発育

　乳幼児の骨は大人に比べ軟骨が多く、その軟骨に石灰質が沈着して硬い組織の骨に変わる骨化（化骨）によって発育します。また、骨化に伴い骨の数も増え、構造も複雑なものへと変わっていくため、より複雑な動きが可能になります。

　子どもの手根部の骨は年齢と骨化数がほぼ一致するため、骨の発育状況を知る目安となります。乳幼児期は軟骨の骨化が盛んに行われている時期であり、軟骨を傷

つけてしまうような硬い素材や関節に過度の負担がかかる運動は骨の発育にふさわしくないと考えられます。

　下肢の骨は図 4.7 に示すように発育をしていきます。2 歳頃までは O 脚の傾向がありますが、これは高い重心と狭い足底（足の裏）面積を補い、平衡性を保ちやすくし直立機能や歩行機能を可能にするための生理的現象（吉田，2019）です。その後 X 脚のようになり、6 歳頃になるとまっすぐになっていきます。バランス感覚、動作の切り替えしなどに影響する土踏まずの形成は、足部の骨化に大きく依存します。4 歳頃から縦のアーチができてきますが、歩行量が増えることによってより土踏まずの形成が促進されます。

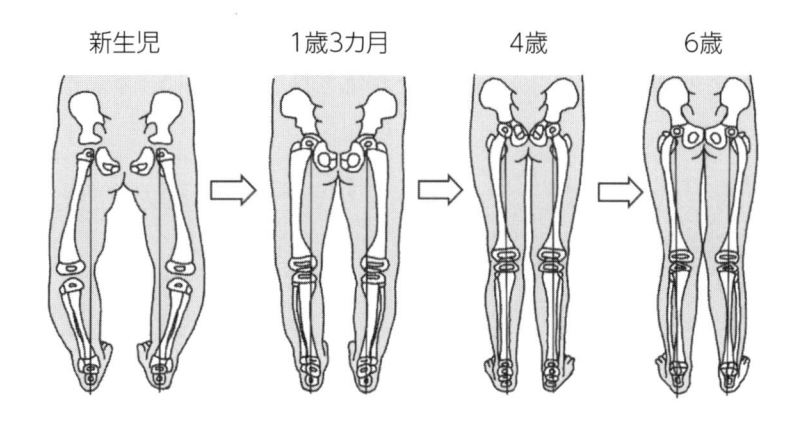

図 4.7　脚部の発育過程

　衝撃を和らげる機能をもつ脊柱の湾曲の形成の様子を図 4.8 に示しました。胎児期はからだ全体を丸めて母体の中にいるため、C 型のカーブを描いています。新生児では腰椎にわずかな前湾が見られますが、全体的にはまっすぐに近い I 型になります。

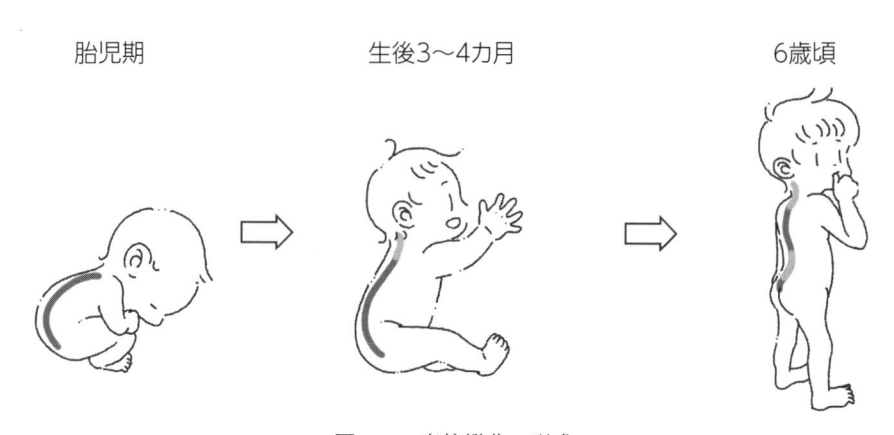

図 4.8　脊柱彎曲の形成

　運動機能の発達に伴い少しずつ湾曲が出現し、6 歳頃に S 字型の湾曲が形成され
るようになりますが、成人ほどの生理的湾曲は見られません。これは、脊柱起立筋
などの脊柱を支える筋や靭帯の発達が未熟のためです。脊柱の生理的湾曲は、重力
による負荷や歩行から跳躍に至る動作に伴い受ける衝撃を和らげる役割があります
が、幼児においてはこの湾曲が十分に形成されていないため、衝撃を吸収する機能
があまり発揮されません。子どもは高いところからジャンプして降りることが好き
ですが、着地の衝撃が成人に比べて大きいことを踏まえ、高さや着地面の硬さなど
に注意を払い、過度の負荷がかからないようにしなくてはいけません。

こんなとき、どうする？

　数か月続けて肥満度が「ふとりぎみ」と評価された幼児がいます。どんな援助が
必要でしょうか？

インクルーシブの視点から

　体格などの個人差は見た目ですぐに認識がされます。そして、子どもはストレートにそ
の違いを口にすることがあるかもしれません。各個人の発達特性や基礎疾患、生育環境な
どが食事摂取状況や偏食、身体活動量に影響を及ぼし、それが身体の発育や体型などに反
映されることもしばしばあります。ですが、その背景を理解しているのは保護者と保育者
のみという場合や、保護者すらも理解していないという場合があるかもしれません。遺伝
的なものなのか、環境的なものなのかをしっかりと観察してそれに応じて必要かつ慎重な
対応が求められます。

4.2　乳幼児のからだの機能の発達

　この節では、からだの生理的機能及び視覚・聴覚及び脳神経系の発達について解
説をしていきます。なお、運動機能の発達については、第 5 章を参照してください。

4.2.1　生理的機能の発達

　表 4.1 の生理的機能の発達的変化を見ていきます。発達段階に応じて、それぞれ
の生理的機能が発達をしていきますが、これらの機能は互いに関連をして発達をし
ていきます。

表 4.1　生理学的なデータの発達的変化

出典：前田如矢・福西睦子（1983）育児と小児保健. 31-39.

年齢段階	新生児	乳児	幼児	学童	成人
消費熱量（kcal/kg/日）	–	110	85〜90	70〜80	40
呼吸数（/分）	40〜50	30〜40	20〜30	20	16〜18
脈拍数（/分）	120〜140	100〜120	90〜100	80〜90	60〜90
収縮期血圧（mmHg）	–	70〜90	80〜100	95〜105	100〜130
拡張期血圧（mmHg）	–	40〜60	50〜70	60〜80	60〜90
腋窩体温（℃）	37.0〜37.5	36.7〜37.0	36.5〜37.0	36.5〜37.0	36.3〜37.0
尿の1日量（cc）	50〜200	300〜500	500〜700	700〜1000	800〜1200
排尿回数	10〜25	15〜20	10〜12	7〜10	4〜6

睡眠時間	新産児	4か月	7か月	3年	学童期	思春期
	15〜17	14〜15	11〜14	11〜12	8〜10	7〜8

　まず、消費熱量についてですが、乳幼児期は成人よりかなり高い値を示しています。これは、乳幼児期は代謝が活発で発育発達が著しく、多くのエネルギーを消費していためです。多くのエネルギーを生成するためには、多くの酸素や血液が必要となります。しかし、乳幼児は胸郭が小さく、呼吸筋や肺機能の発達が未熟であり、成人に比べて1回換気量が少ないため、数を多くして補っています。また、呼吸形式は、乳児は腹式呼吸ですが、2歳頃で胸腹式呼吸、3〜4歳で胸式呼吸となります。

　また、取り込まれた酸素や栄養素を全身に送るのは血液ですが、心臓がそのポンプの役割をしています。乳幼児は心臓が小さく血管の機能も未熟であるため、必要な血液量を確保するためにピッチを速くしているため、脈拍数が乳児で100〜120拍/分、幼児で90〜100拍/分と成人より多くなっています。血圧は、成人に比べ血管が柔らかいため、収縮期、拡張期とも低くなります。

　さらに、代謝が盛んなことに加え、運動量も多い乳幼児では消費熱量が高く、これに伴い代謝副産物である多くの熱と水がたくさん作られます。つまり、乳幼児は体温が高くなり、体重あたりの尿や汗の量が多くなります。また、膀胱の発育発達が未熟なため、年齢が低いほど排尿回数は多くなります。

　このように生理的機能においても乳幼児の特性があり、運動を行うことによってからだにかかる負担はさらに大きくなります。そのため、からだを使った運動遊びをする際には、発達段階に応じて過度の負荷（強度や時間）がかからないように配慮をする必要があります。また、乳幼児は、のどの渇きを自ら訴えられないことがあるため、こまめな水分補給が重要になります。さらに、活動や遊びがなるべく中断されないような排尿のタイミングを計ることも援助のポイントです。

4.2.2 🦋 神経系の発達

前節で述べたように、乳幼児期は脳や脊髄などの神経系に関わる器官の発育が著しい時期です。機能としてはどのような発達が見られるのでしょうか。

生まれたばかりの新生児においても原始反射（出生後から数か月にわたってみられる様々な刺激に対する無意識な反応）などの運動が可能なのは、主に脊髄や脳幹の一部が発達しているからです。ルーティング反射（口の周辺に触れられるとそれを口に入れようとする動き）や吸啜反射（唇に触れたものを強く吸おうとする動き）は、生物として生命を維持するために必要不可欠な働きであり、脊髄を介した単純な反射により機能しています。ただし、生後 2 か月頃になると、このような脊髄を中心とした反射による運動は徐々に見られなくなり、代わりに大脳皮質を含めた中枢神経系のネットワークによって運動が制御されるようなシステムへ移行していきます。その際、神経系を構成するニューロン（神経細胞）が互いに情報を効率よく伝達し合うために、シナプスの形成と刈り込みが生じます。シナプスは一旦過剰に形成された後、必要なシナプスだけが残り、不要なシナプスは消滅するのです。運動機能に関わる一次運動野や一次体性感覚野ではシナプスは生後 8 か月頃からすでに刈り込みが生じるといわれます。シナプスの形成と刈り込みの時期は脳の領域によって異なり、たとえば認知機能の発達に関わる前頭前野においては、青年期に向けて徐々に刈り込みが進むようです。このように、神経系の発達に関しては、質量・大きさを基準とする発育とは異なる様相を見せることが特徴です。

4.2.3 🦋 感覚機能の発達

ここでは、子どもの活動に特に関係すると考えられる視力と聴力の発達について解説をしていきます。

ヒトは、視神経が未熟な状態で生まれてくるため、出生直後は明暗の区別ができる程度と考えられていますが、その後急激に発達をしていきます。生後 1 週間になると追視ができるようになりますが、これは網膜—脳幹の反射であると考えられています。その後、生後 1 か月で物の形をある程度見分けることができるようになったり、保育者の顔の表情を模倣するようになり、保育者が舌を出すと同様に舌を出したりします。生後 2 か月頃からは保育者の笑顔を見て笑うようになり、この頃の視力には大脳皮質が関与していることが考えられています。そして視力は年齢と共に発達をしていき、新生児で 0.02 程度, 1 歳で 0.1 程度, 2 歳で 0.3 程度、3 歳児で 1.0 の視力を有するようになり、6 歳頃には大人と同じ視力になります。視力の発達には、生後の環境の影響をより強く受けることが知られていますので、環境には十

分な配慮が求められます（小枝，1998）。また、視力は視覚認知能力に影響を及ぼし、この能力は子どもの多くの活動や遊びに関係します。

　一方、出生時の聴神経は形態的に完成に近い状態であるため、新生児期より音の刺激に目を閉じたり、見開いたりして反応を示します。そして、生後1か月で声や音によって行動が停止したり、生後2か月で音に対して定位反射（「定位反射」とは、新しい刺激に対して素早くその刺激に対して注意を向けることをいいます）を示したりと、この頃までは反射による行動が主であると考えられています。そして、生後3か月頃から声に対する反応が多様化し、社会音に対しても反応が増えていきます。生後4か月頃からは声や音に選択的に反応をするようになり、この頃から意図的に反応をしていくと考えられています。一般的に、音刺激に対する反応である聴性行動の発達は視覚以上に養育環境や音声・言語刺激の経験が影響するといわれているため（稲垣・加我，1998）、聴力の発達の観点からも周辺の環境などは非常に重要な因子となります。

こんなとき、どうする？

○活発な運動遊びを予定していましたが、急に暑くなりました。どのような対応をしますか？
○検診の際に、視力あるいは聴力が気になる幼児がいます。どのように配慮すべきでしょうか？

保育の道しるべ

　筆者が勤務する園では年に3回、学期の初めに身長・体重を測定します。夏休み明けの子どもたちに久し振りに会うと、日焼けをして大きくなった印象を受けますが、2学期の身体測定では、身長が2〜3cm伸びています。体重も身長に伴って増えている子どももいますが、変わらなかったり若干減っていたりする子どももいます。身長・体重の増加に伴って、身体の成長だけではなく、能力も高まっていくのだと思います。

　また、成長の速さが感じられるのは、乳歯が抜ける時期です。以前は5歳児で乳歯が抜ける子どもが多く、5歳児の12月に『前歯のない子のクリスマス』（『All I want for Christmas is my two front teeth』アメリカで1944年に発表されたクリスマスソング）を子どもたちとよく歌ったものです。この曲は、子どもがサンタクロースに「クリスマスに一番欲しいのは、前歯を2本ほしい！」と頼む愉快な曲です。近年は、4歳児から乳歯が抜け始める子どもが多くいます。子どもたちは乳歯が抜けると「見て！ 見て！」「歯が○本抜けた！」

と自慢していますが、顎の発達が追いついていないので、まだ小さい顎には必要な本数の永久歯が口の中に収まりきらないのではないかと思います。顎の発達には咀嚼の問題も関係してくると思われますので、柔らかくて小さい食べやすいものばかりではなく、歯ごたえのある食べ物が顎の発達を促すと保護者会などで家庭にも伝えています。

　子どもたちは 5 月に園で健康診断（内科・歯科・耳鼻科）を受診しますが、近年はアレルギー性鼻炎が多く、年間を通して花粉症に悩まされている子どもも少なくありません。筋肉の発達や骨の成長には、遺伝的要素や家庭環境などにより個人差がありますが、転んだ時に地面についた手を骨折したり、うんていにぶら下がっている途中で地面に着地した時に足を骨折したりする子どももいました。

　近年、子どもの心と体のアンバランスな面が気になります。体はしっかりしていますが感情のコントロールが苦手だったり、語彙や知識は豊富ですが体の使い方が不安定だったり、目覚ましい勢いで情報社会が進んでいく中で、子どもの発育状況や発達状況のスピードも加速しているように感じられます。保育者は「できない」ことが「できる」ようになることで、子どもの成長を感じることがあります。しかし、子どもの動きが活発で頭も心も体もフル回転している時期もあれば、黙々と情報や知識をため込んでいる時期もあります。目に見える成長だけではなく、目に見えない内なる成長を感じ取っていくことも保育者の役割だと思います。個々のペースを大切にしながら、心と体の成長をサポートしていく必要性を感じています。

考えてみよう！

✎ 自身が幼児だった頃の身長・体重を発育曲線に当てはめて評価をしてみましょう。

✎ 上記の数値からカウプ指数、肥満度を算出し、評価してみましょう。

✎ 運動遊びの活動の際に注意すべき乳幼児の身体の発育発達特性について考えてみましょう。

✎ 運動遊びの際に乳幼児の身体の発育発達特性を考慮してどのように援助すべきか話し合ってみましょう。

❀ 引用・参考文献 ❀

安部孝・尾崎隼朗・川畑和也・清水洋生・宮田洋之（2022）子どもの健康と遊びの科学：からだとこころを育む術. 講談社

藤井勝紀（2013）発育発達と Scammon の発育曲線. スポーツ健康科学研究, 35, 1-16.

飯田悠佳子（2018）身体の発育と発達. 日本アスレティックトレーニング学会誌, 4（1）, 3-10.

稲垣真澄・加我牧子（1998）ヒトの聴覚の発達と発達障害. BME, 12（7）, 30-39.

岩崎洋子(編著)・吉田伊津美・朴淳香・鈴木康弘(著)（2018）保育と幼児期の運動あそび. 萌文書林. 15-21.

小林美由紀(著)・榊原洋一(監修)（2009）これならわかる!小児保健実習ノート. 診断と治療社

小枝達也（1998）ヒトの視覚の発達と発達心理学. BME, 12（7）, 89-94.

厚生労働省（2024）令和5年乳幼児身体発育調査. `https://www.cfa.go.jp/policies/bos hihoken/r5-nyuuyoujityousa`（情報取得 2025/2/21）

日本小児医療保健協議会（2019）幼児肥満ガイド. `https://www.jpeds.or.jp/uploads/files/2019youji_himan_G_ALL.pdf`（情報取得 2024/12/5）

日本小児内分泌学会 子どもの肥満. `http://jspe.umin.jp/public/himan.html`（情報取得 2024/12/5）

吉田伊津美（2019）子どもの身体の発達と運動能力. 河邉貴子・吉田伊津美（編）. 演習 保育内容健康. 建帛社. 14-18.

吉田伊津美・砂上史子・松嵜洋子（編著）（2018）保育内容 健康. 光生館

鈴木順子（2009）乳幼児の生理機能の測定と評価. 佐藤益子（編）. 小児保健実習. ななみ書房. 31-35,39.

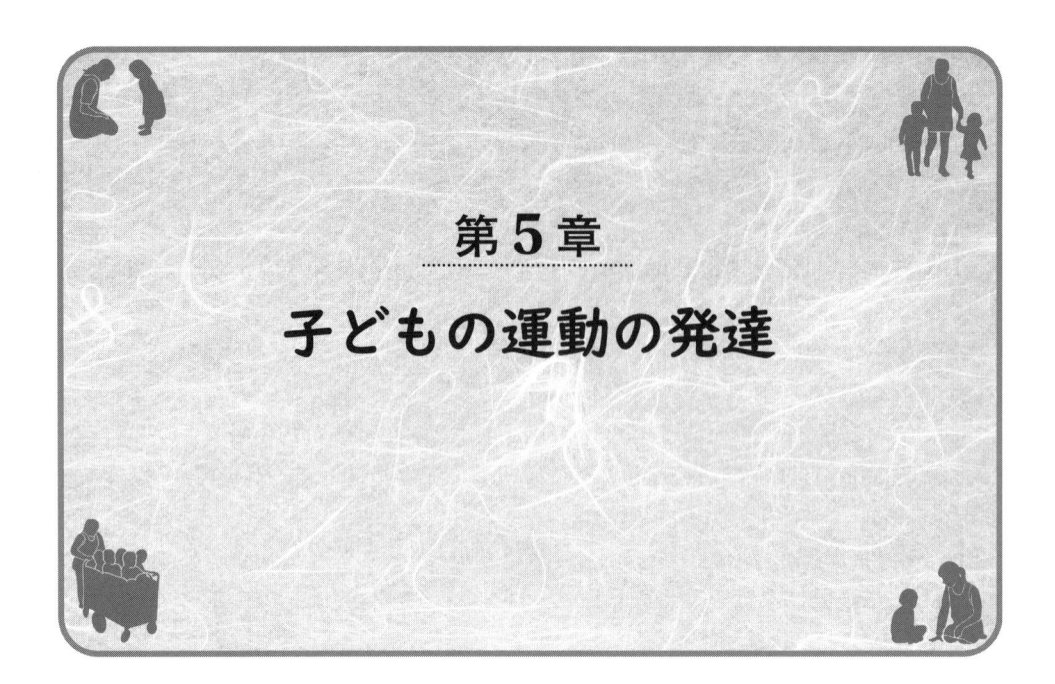

第5章
子どもの運動の発達

この章で学ぶこと

✿ 近年の幼児の運動能力の現状について理解します。

✿ 乳幼児期のいつ頃どのような動きができるようになるのかを理解します。

✿ 幼児期の動きの獲得と習熟特性について理解します。

✿ 動きの質的な評価と観察の重要性について理解します。

✿ 運動発達の年齢差、個人差について理解します。

　子どもたちは成長と共に様々な動きを身につけ、周囲の環境に適応しながら自身の体をうまくコントロールして巧みに動けるようになっていきます。幼少期に運動の楽しさを経験しながら、基本的な運動スキルを身につけることは、生涯にわたって心身の健康的な状態を保ち、積極的な社会生活を送っていくための基盤となります。本章では、発育段階に伴う運動機能の発達特性と子どもの活動時の状況を適切に把握し、それぞれにあった保育実践の工夫ができるよう理解を深めていきます。

5.1　幼児期運動能力検査等からみる近年の幼児の運動能力の実態について

　子どもの体力・運動能力が低下の傾向を見せ始めたのはすでに30年以上も前に遡ります。児童期以上の年齢を対象に、1964年から継続的に行われている体力・運

動能力の全国調査（文部科学省、スポーツ庁）によると、子どもたちの走る、跳ぶ、投げるといった基本的な運動能力は、1980年代半ばをピークに、それ以降20年余りの長期にわたって低下傾向が続き、近年でも未だ低い水準に留まっているのが現状です。学齢期以前の幼児については、全国の統一した調査は行われていないものの、これと同様の傾向がうかがえます。以下、幼児の現状について見ていきます。

5.1.1　🦋 幼児の運動能力の現状について

　運動能力の全体像を把握するためには、全国レベルで継続的に推移を調査していくことが有効な方法ですが、幼児を対象とした大規模な実態調査は多くはありません。そのような中で、文部科学省の調査でも用いられた6つの項目で構成された運動能力の調査は比較的多くの測定データがあり、年齢に応じた評定点が設定されているため、全国標準値と対照させてレベルを評価することができます（文部科学省, 2012）。

　1966年からほぼ10年間隔で約40年間にわたる幼児の運動能力調査結果から、25m走、立ち幅跳び、ボール投げ、両脚連続跳び越し、体支持持続時間、捕球の各種目の長期間にわたるその推移を図5.1に示します。

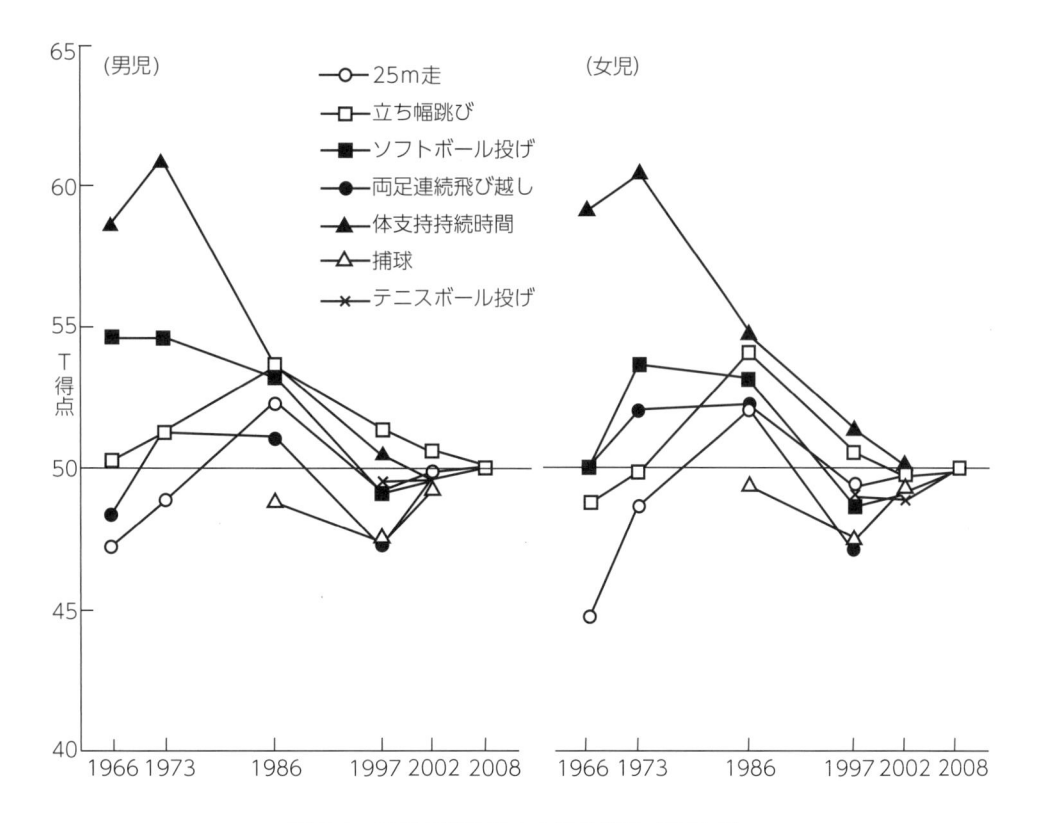

図 5.1　幼児の運動能力の時代推移（T 得点）
出典：森 他（2010）2008 年の全国調査から見た幼児の運動能力. 体育の科学, 61（1）, 66.

　全体的な傾向として、1966 年から 1986 年にかけてほとんどの種目において向上が見られますが、1986 年から 1997 年では全種目で低下の傾向が認められます。その後 2000 年代にかけては全体的に見ると低下傾向は小さくなりますが、幼児の運動能力は低下状態のまま停滞していることが報告されています（森 他，2010）。この傾向は男女共に同様です。幼児の運動発達に影響を及ぼす要因として、保育施設と家庭での外遊び時間と頻度、よく遊ぶ友達の数などが明らかにされています。このことから、1986 年から 1997 年にかけての運動能力の低下の背景として、子どもたちの外遊びの機会や遊び友達の減少があるのではないかと推測されます。

　また、このことは、先に挙げた就学以降の児童・生徒の体力運動能力の全国的な傾向と同様で、幼児から児童期にかけて共通した傾向にあることが推測できます。したがって、幼児期など早い時期から運動に親しみ、楽しんで体を動かす習慣をもつことが大変重要だといえます。

5.1.2 　🦋 幼児の動きの質の低下

　子どもの運動については、タイムや距離などのように測った数値（量）として示される運動能力の結果だけでなく、どのように体を動かしているか（質）という側面に着目することも大切です。昔に比べて近年の子どもの動き（動作）の「おかしさ」が指摘されています。たとえば、転んだ時にとっさに手が出ない、階段の昇り降りの際に両足交互に出せない、まっすぐに全力で走れない、など多くの事例を耳にします。

　動きの速さや力強さなどを測定して得られた量的な結果は、体の大きさや成熟度に依存することが少なくありません。したがって、数値としての記録には表れない動き方のよしあしを捉えておくことも重要です。そのためには子どもたちの動きを直接よく観察することが必要となります。中村ら（2011）は、幼児の基本的動作 7 項目（25 m 走、立幅跳、投球、捕球、まりつき、前転、平均台上移動）を取り上げ、その動作パターンを観察することによって、動作のできばえを得点化して段階的な評価をしています。そしてこれらの項目について、1985 年と 2007 年の幼児の動作発達得点を比較したところ、男女共に 2007 年のほうが得点は著しく低いことが明らかとなりました。2007 年の年長児は 1985 年の年少児と同等レベルのできばえであったことが報告されています。すなわち現在の子どもたちにおいては、動き方についてもよい動きが十分身についているとはいえない現状だといえます。

　さらに、幼児期には、全身を動かす動作だけでなく日常の生活に関連した様々な動きもできるようになっていきます。食事をするためのスプーンや箸の操作、ハサミ、鉛筆、などいろいろな用具の使用、あるいは服の脱ぎ着、ボタンの掛け外しな

ど、日常に適応していくことを容易にする生活活動における自立的スキルを徐々に身につけていきます。昔の子どもたちでは、各種の生活動作はおおよそ幼児期（「箸を使う（6 歳頃）」「ハサミで形に切りぬく（4 歳頃）」「ボタンをかける（3〜4 歳頃）」）にできるようになっていくのに対し、今の子どもはスキルレベルが低下し、昔では幼児期にできていたような動作が 6 年生になっても満足にできない例も見受けられます（谷田貝，2001）。これらの手指の動作の習熟は、神経系の成熟だけでなく練習することによって上達し、日常生活の中で身につけていきたい動作です。

5.1.3　🌼 幼児期の運動経験の重要性

　遊びを通じて十分な運動を適切に行うことは、子どもたちの健康な心身の発達を促します。子ども自身の自発的な運動や遊びの実施の有無だけでなく、取り巻く環境の変化によって、身体活動を行う場所や時間が制約され、生活全般の中で身体活動そのものが減少し、また偏っていることも体力、運動能力の低下、日常動作の未熟な状態を引き起こす原因となっています。

　これまでに、身体活動量が多く、普段から活発に動いている子どものほうが、体力や運動能力がより高い傾向にあることは多くの研究結果から知られています。また、文部科学省（2011）による調査でも、より多くの友達と活発に遊びを楽しんでいる幼児ほど運動能力が高い傾向にあることが明らかになりました。また、幼児の運動を促す実践プログラムの実施は、様々な運動能力の向上に影響を与えること、及びその効果は小学校入学以降にも影響を与える傾向にあることも報告されています。

　幼児期は、神経系の発達が著しく、刺激への適応能力も高いため、適切な指導のもとによい動きを次々と身につけていきます。反対に、経験することが少ない動きはなかなか上手な動作パターンを身につけることはできません。近年、幼児や小学生で男女を問わず投げる能力の低下が目につきますが、日常的な遊びの中でボールなどを投げる機会が著しく減少していること、またそうさせる環境が背景にあると考えられます。活動量だけが多くても、必ずしもあらゆる種類の動きの獲得にはつながりません。その動作を実際にやってみることによってそれが、あるいはそれに似た動作が身についていきます。

　運動をしない子、運動が苦手な子に無理やり運動をさせるべきではありません。しかしながら、そのままにしておいてよいのでしょうか。外に現れる運動や行動は、子どもの中枢神経系機能の発達を反映する結果と解釈できます。運動がうまくできない、動きがぎこちない、などの原因は単に体や手足の筋力の弱さなどによるものではなく、神経系の未発達が要因であるのだとすれば問題です。楽しく運動ができるような環境を用意して日常的に動くことを促すと共に、その動きをきちんと観察することも大切です。

　ただし、幼児期の運動指導にあたっては、踏まえておくべき点があります。一般に大人が運動を習う場面のような、一斉に説明を受けて順番を待ちながら行う形式の運動指導は、幼児にはなじまずその効果もあまり高くないことが指摘されています。特定の運動を一方的に教え込むような指導ではなく、子どもが1人ひとりが自分のやりたい運動に意欲的に取り組める遊びの中で、結果としてその能力が高まり、育まれていくような環境を整えることが望ましいといえます。

こんなとき、どうする？

　自由な活動中に、友達の後をついていくだけで、なかなか主体的に遊びや運動をすることができない子どもがいます。保育者としてどのように関わり、どのように援助をしたらよいと思いますか。　▷

5.2　乳幼児期の運動発達の機序

　乳幼児期の子どもは、遊びや運動を含む日常生活のあらゆる場面において、その経験から数多くの動きを身につけていきます。日々、新たな動きを獲得しその数を増していくと共に、そこから派生する新たな動きへとそのパターンを拡大していきます。こういった体とその機能の発達的変化をもとに様々な運動の遂行が可能になっていきます。

5.2.1 🦋 動きの始まりと姿勢の変化

　人間は、他の哺乳類に比べ、生まれてから身体的に自立するまでに長い時間を必要とします。アドルフ・ポルトマン（Adolf Portmann, 1961）は、このように生物的に未熟な状態で生まれてきた様子を生理的早産と称しました。生後1年ほどの間に新生児に見られる姿勢の変化は著しく、次々と新たな動きを獲得していく様子を見ることができます。1年余りをかけて、1人で立ち、歩くことができるようになっていきます（図5.2）。

　これらの劇的な変化は、生後の神経系機能の著しい発達によって導かれるものであり、その変化の順序性や普遍性には個人による違いはほとんど見られません。新生児の動きは、ジェネラルムーブメントと呼ばれる、手足及び全身の自発的で無目的な動きと、外界への接触や四肢や体幹が受動的に動かされた時に生じる様々な反射に

よって起こる運動から構成されており、乳幼児期までに見られるこういった特有の運動の消長が神経系の働きを知る手がかりになります。図5.2に見られるように、月齢が進むにつれて、寝返り、おすわり、はいはい、つかまり立ちなどを経て、1年余りで二足歩行が可能となる過程も、生得的に備わった反射という土台の上に学習が繰り返されることで動きとして獲得され、さらに巧みに行われるようになっていきます。

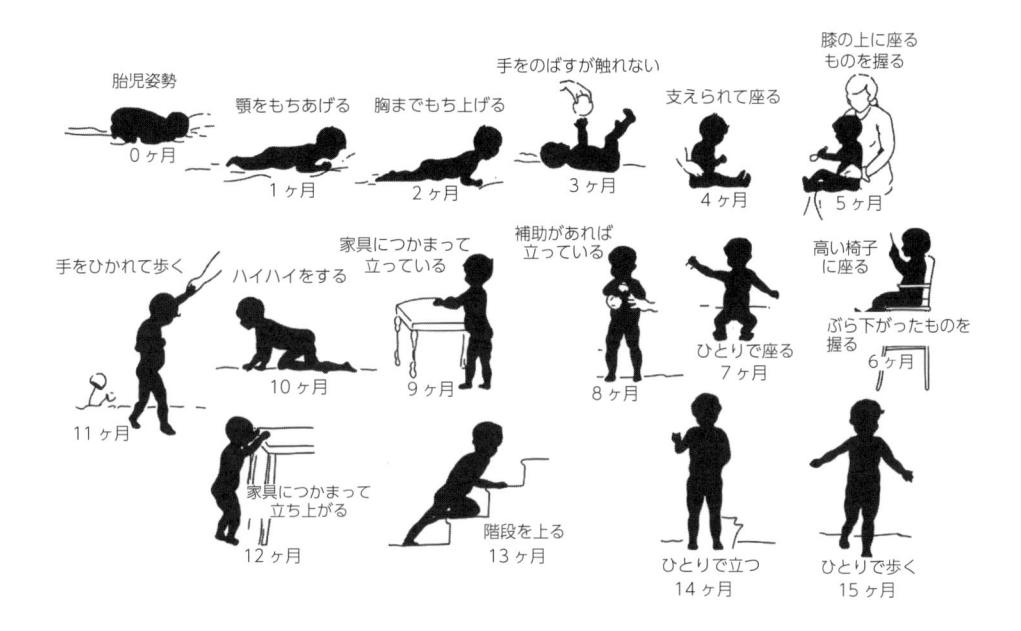

図 5.2 乳児の姿勢・運動発達

出典：Shirley, M.M. (1933) The motor sequence. In: The First Two Years: A Study of Twenty-Five Babies, Vol.2, Intellectual Development. The University of Minnesota Press. Shirley: Copyright © 1933 by the University of Minnesota

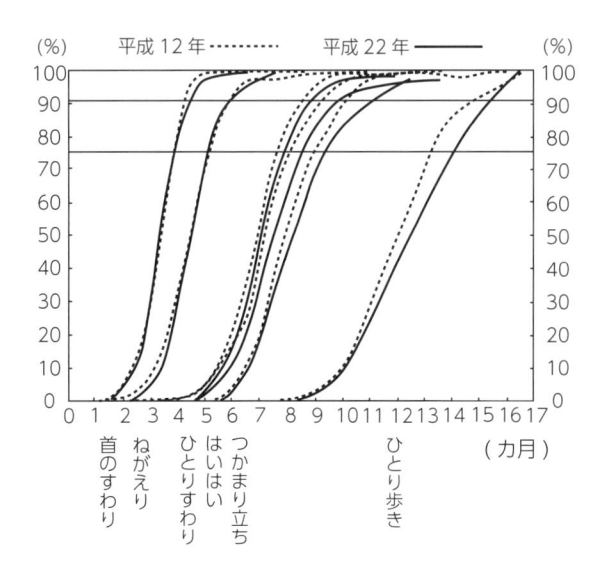

図 5.3 乳幼児の運動機能通過率

出典：厚生労働省（2010）平成22年乳幼児身体発育調査報告書. 11.

　図 5.3 は、乳幼児の運動機能について、何か月頃にどのくらいの割合の子どもができるようになるか（運動機能通過率）を示しています。たとえば「首のすわり」は生後 4〜5 か月、「ねがえり」は 6〜7 か月、「ひとりすわり」「はいはい」は 9〜10 か月、「つかまり立ち」は 11〜12 か月、これらの運動がその頃までには 90％以上の乳幼児が行えるようになります。そして、「ひとり歩き」は、生後 1 年 3〜4 か月までに幼児の 90％以上が実行可能になります。また、この調査報告では、2000（平成12）年に比べて 2010（平成 22）年のほうがその発達がやや遅い傾向にあるとみることができます（厚生労働省, 2010）。

5.2.2 　🦋 歩き方の変容

　1 歳過ぎに獲得された「歩行」は、その後歩く経験を重ねながら、全身のバランスを保持する能力が高まり歩く様子も徐々に変容していきます。歩行開始直後の乳児の歩き方を見ると、全身のバランスを保つために上肢を挙上し、左右の歩隔も広くたどたどしい脚運びです。成長と共に歩く経験が増えるに従って歩隔は狭くなり上肢でバランスを取る様子も減少していきます。その後、平地での歩行が安定するにつれ、いろいろな場所を歩くことを経て 3 歳頃までに、小さな障害物を乗り越える、階段の昇り降りをするなど、周りの環境に応じてより複雑な歩行が行えるようになり、それに伴い自立的な行動範囲が急激に拡大していきます。

　さらに、単一の主運動に対して付随的な運動が出現したり、外乱などによる姿勢の乱れに対処するために、身体各部位の位置関係バランスの調節や、体幹の安定を保持するための制御機能が整えられてきます。神経系の発達に基づくこのような姿勢や動作の制御機能は、様々な運動スキルを可能にする役割を果たします。この発達的変化の過程にある幼児期は、動きをコントロールする神経系のシステムの構築の面でも適応的変化が大きく重要な時期だといえます。安全性を確保しつつ、様々な場面を動き回れる環境を確保していくことは動きの発達にも有効になります。

5.2.3 　🦋 粗大運動（Gross Motor skill）と微細運動（FineMotor skill）

　姿勢変化や移動運動などの全身を動かす粗大運動の発達の一方で、上肢の動きを中心とした微細運動は、物に手を伸ばしたり、つかんだりするなどして道具を使用できるようになることでその発達が観察できます。1 歳前の乳児におけるリーチと把握動作の変容を見ても、知覚、認知系の発達と共に手の動作は環境や刺激に応じて変わっていきます。視野に入った対象物に手を伸ばすことから始まり、それに触れ、形状にかまわず手全体でつかむことから、次第に指の役割を分化させて必要に応じた手指の動作へと変容していきます（図 5.4）。

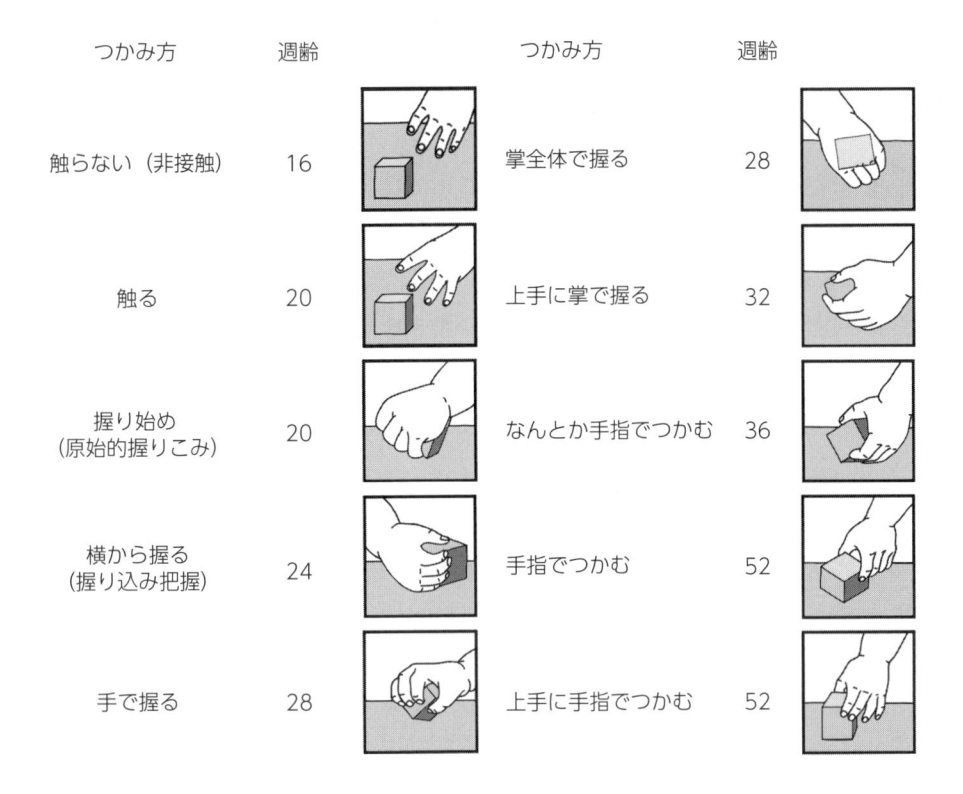

つかみ方	週齢		つかみ方	週齢	
触らない（非接触）	16		掌全体で握る	28	
触る	20		上手に掌で握る	32	
握り始め （原始的握りこみ）	20		なんとか手指でつかむ	36	
横から握る （握り込み把握）	24		手指でつかむ	52	
手で握る	28		上手に手指でつかむ	52	

図 5.4　乳児の把握動作の発達的変容（1 インチの積木を握る）
出典：Haywood, K.M., Roberton, M.A. & Getchell, N.（2012）Advanced analysis of motor development. Human Kinetics. 185.

　また、乳幼児期の発達は、知覚（perceptual）、認知（cognitive）、運動（motor）、言語（verbal）の各機能が相互に関連し合い、成熟するにつれてそれらが関係性をもって発達していきます。たとえば、動く物を目で追うという視覚的能力は、それに向かって手を伸ばして触る、つかむという運動へつながっていく、あるいは投げられたボールを見てその軌道を予測してうまく捕ることができるようになる、などというようにそれぞれ機能の関わりが基盤となりさらにいくつもの機能が関連しながら運動も形成されていきます。刺激に対して受動的に応答するのみならず、自ら発する様々な動きの遂行それ自体がさらなる刺激となり動きが解発されていくという重要な意味をもっています。

5.2.4 ❀ 幼児期の運動発達の特徴

　幼児が多くの動きを獲得していく過程は、「量的獲得の過程」と「質的変容の過程」として捉えられ、幼児期の動作発達の重要な特徴といえます。年齢と共にできるようになる動きが増えていき、易しい動きから難しい動きへ、1 つの動きから類似した動きへと、運動のレパートリーやバリエーションが急激に拡大します（量的

獲得）。また、年齢と共に運動のやり方もうまくなり、動きの質が高まり、洗練化していきます（質的変容）。低年齢の幼児では、まだぎこちなさがあり、未熟な動きが見られますが、年齢と共にに無駄な動きが減少し、目的に適ったスムーズな運動経過が成立するようになります。

　幼児が生活の中で「じっとしていること」はほとんどありません。動きを駆り立てる周囲の刺激に反応し、自分のできる能力水準で働きかけて新しい動きを習得し、それを繰り返し活用しながら、さらに新しい動きを身につけることで自身の動きとして定着していきます。このような運動発達特性をもつ幼児には、画一的な一斉指導ばかりの指導はなじまないことを理解しておく必要があります。

こんなとき、どうする？

　かけっこの競走をした時に、他の子より遅く、走り方も上手でない子が、速く走れる子どもからかわれたりばかにされたりしています。からかわれている子、からかっている子たち双方に対してどのような言葉かけ、対応をしますか。　　▷

5.3　幼児期に経験すべき基本的動作

　一般に基本的動作とは、生育に伴う運動発達の経過の中で、乳幼児期から小学校低学年期頃の比較的初期に獲得され、その後の運動遂行の基礎になる様々な運動、動作形態を意味します。幼児期の運動の習得においては、できるだけ多様な運動を幅広く身につけ、運動の習得に偏りがあったり、まったく未経験な運動が多くなる弊害は避けることが大切だといわれています。幅広く多くの運動を習得することによって、子どもは環境を自由に探索できるようになり、行動力の基盤を作っていきます。このことは、子どもの運動の習得に関わる際に忘れてはならない基本的事項です。

5.3.1　🌱 運動遊び中に見られる多様な動作

　基本的な動きには、立つ、座る、寝ころぶ、起きる、回る、転がる、渡る、ぶら下がるなど「体のバランスをとる動き」や、歩く、走る、はねる、跳ぶ、登る、下りる、這う、よける、すべるなど「体を移動する動き」、持つ、運ぶ、投げる、捕る、転がす、蹴る、積む、こぐ、掘る、押す、引くなどの「用具などを操作する動き」があります（石河 他, 1980）。石河ら（1980）は、幼稚園でのカリキュラムや運動遊びなどの園活

動を観察し、子ども達の日常活動の中にどのような基本的動作がどれだけ含まれているのかを調査しました。その結果、先に挙げた動きをはじめとして、80 以上にも及ぶ多くの基本的な動作が観察されたことを報告しています。実際の運動遊びなどの活動は、こういった 1 つひとつの動作が組み合わされて構成されているのです。

　たとえば、鬼ごっこを考えてみましょう。ここでは、走る、止まる、よける・かわす、つかむ・つかまえる、などのいくつもの動きが連続して繰り返し現れます。また、1 つの遊びでも、ルールを変えたり、やり方を工夫したりすることで、動きの種類を増やすこともでき、様々に変化させることができます。また、それぞれの動きは、単一の動作のみが行われるのではなく、状況に応じて、「捕って、投げる」、などのように連続的な組み合わせや、「走りながら蹴る」「周りを見ながらよける」などの同時協応的な組み合わせ、などのように複雑さも加わり、それをコントロール能力も必要になってきます。

　このように、特定のスポーツのみを行うことに比べて運動遊びの中には場面に応じて固定されない多くの動きが出現します。また、遊具などを使うことによって引き出される動きも多くあります。体を動かす遊びでは、子どもたちが楽しみながら夢中になって全力で遊んでいるうちに多様な動きを総合的に経験することが可能になり、様々な動きのバリエーションを獲得することにつながっていきます。

　保育中の子どもたちが自発的に自由に体を動かして遊んでいる場面でも、その遊びの中にどんな動作が含まれていて、実際にどのような動作を行っているのか、十分に多様な動きを経験できているのかなど、子どもたちの動きそのものに着目してみる機会をもつことも必要でしょう。

5.3.2 　🦋 幼児期における基本的な動作の特徴

　前述のような多くの基本的な動作の動き方を観察的に捉え、「走る」「跳ぶ」「投げる」動作の発達過程を図 5.5 に示しました。

● 走動作（図 5.5-①）

　2 歳頃に走りの原型となる動きが見られるようになり、走り方（フォーム）は幼児期に著しく変化し、6 歳頃までに基本的な形はほぼできあがります。年齢の小さい子どもには、歩幅が小さくちょこちょことした動き（パターン 1）や肘が突っ張り気味で腕を前後に振れない動き方（パターン 2）もよく見られます。次第に脚や体を支える力が強くなってくると、歩幅も広がり腕振りも大きくバランスよく振れるようになり、徐々に力強い印象に変わってきます。6 歳頃には、上手な走り方をしている子どもも多く見られるようになります。

● 跳動作（図 5.5-②）

　片足あるいは両足で踏み切り、着地するという跳ぶ動作は 2 歳頃からできるよう

①

「走る動作」の動作発達段階の特徴	動作パターン	得点
パターン1：両腕のスウィングが見られない		1
パターン2：前方で腕をかくような動きや、左右の腕のバランスがとれていないスウィングである		2
パターン3：十分な足の蹴り上げがある		3
パターン4：大きな振動での両腕のスウィング動作がある		4
パターン5：膝が十分に伸縮し、水平方向にキックされる		5

②

「跳ぶ動作」の動作発達段階の特徴	動作パターン	得点
パターン1：両腕がほとんど動かないか、跳躍方向と反対の後方にふる		1
パターン2：両腕を側方へ引き上げ、肩を緊張させてすくめる		2
パターン3：肘が屈曲する程度に、両腕をわずかに前方へ振り出す		3
パターン4：肘をほぼ伸展しながら、両腕を前方に振り出す		4
パターン5：バックスウィングから両腕を前上方へ大きく振り出す	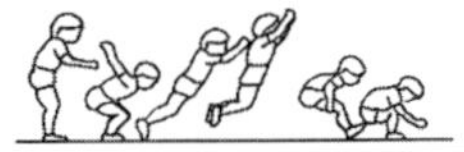	5

③

「投げる動作」の動作発達段階の特徴	動作パターン	得点
パターン1：上体は投射方向へ正体したままで、支持面の変化や体重の移動は見られない		1
パターン2：両足は動かず、支持面の変化はないが、反対側へひねる動作によって投げる	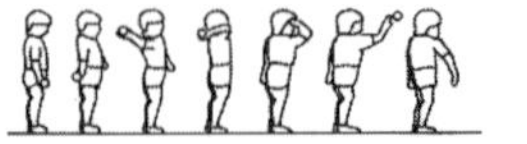	2
パターン3：投射する腕と同じ側の足の前方へのステップの導入によって、支持面が変化する		3
パターン4：投射する腕と逆側の足のステップがともなう		4
パターン5：パターン4の動作様式に加え、ワインドアップ動作が見られる		5

図 5.5　「走」「跳」「投」動作の発達段階
出典：文部科学省（2012）幼児期運動指針ガイドブック. 52-53.

になります。一旦空中に体を放り出し、その後着地で自重を受け止める動きには、バランス調整機能も重要になります。立ち幅跳びの動きの中でも腕の振りをバランスよく有効に使うことは難しく、特に年齢の小さい幼児においては腕をからだより後ろに引きながら前のめりに跳び出したり（パターン1）、スイングではなく腕をからだと一緒に引き上げるような跳び方をする（パターン2）など、脚と腕との効果的なタイミングをうまく取れない様子が多く見られます。年齢につれて跳躍距離も増大し、5、6歳ではタイミングよく腕を振り出し全身で思い切り跳べるようになってきます（パターン5）。

● 投動作（図5.5-③）

　投げる動作は、走るや跳ぶと比べると日常の中で行う機会が大変少ない動きです。また、上手（うわて）で投げる動作は人間に生得的に備わった動作ではないので、その獲得には経験が大きく影響します。つまり、意識してやらないとなかなかうまくなりません。投げられるようになったばかりの子どもの動きは、からだを投げる方に向けたまま、手だけで投げるような動きになっています（パターン1、2）。徐々に足を一歩踏み出したり、体幹のひねりを使いながら少し勢いをつけて投げられるようになってきます（パターン3、4）。からだの動きをボールにうまく伝えられない様子が多くの幼児に見られる特徴といえます。全身を大きく使った「よい」動き（パターン5）は、幼児ではまだ多くは見られません。投動作の習熟レベルについては、年齢よりも経験が大きく関わります。

　また、子どもの日常的な運動の中には、リズミカルな動作も多く含まれています。一般にもよく知られる全身のリズミカルな運動としてはスキップやギャロップ、ホップなどがあり、基本的な移動運動の系列として分類されます。これらの動作の発現や動作様式の獲得は幼児期を中心に見られます。走る、跳ぶなどのように、生得的に獲得し日常的な運動経験と共に習熟していく動作と異なり、その獲得メカニズムや動作そのもののバリエーションは独特で、スキルの獲得には大きな個人差が生じてきます。

　スキップ動作のスキル獲得の順序をたどると、4歳頃にその動作様式は見られるようになり、5〜6歳の間でほぼ完成し、6歳以降さらにうまくできるようになります。ただし歩行の獲得から走りへの展開とは異なり、経験しないと獲得するのが難しい動作でもあります。こういった全身をはずませてリズミカルに動く動作様式の発達的特徴をまとめると、全身を上下に弾ませながら左右脚の切り換えを行うことや、片側荷重でバランスを取ることとその左右差などをコントロールすることが難しいといえますが、一方で経験することによって幼児期に獲得、習熟が可能な動作でもあります。

　このように、全身的でリズミカルな運動、敏捷性、バランス、身体各部の協応や

コントロールを必要とする運動を行うことがこの時期には有効です。幼児期の後半になれば、一見、技術的に難しいと思われる動きも、挑戦を楽しみながら行っているとできるようになるものはたくさんあります。

5.3.3 ❦ 動作発達の個人差と運動指導

　幼児期は、人の運動系の基礎作りにあたる時期であり、将来的にスキルの高いスポーツ動作に発展したり、あるいは日常の巧みな身のこなしにつながっていく動きの基盤を作る重要な時期です。そして、基本的な動きのほとんどは幼児期に習得されるといわれます。ただし、動きの獲得や習熟には個人差が大きいことも踏まえておく必要があります。運動の出来栄えは、体の発育や認知的な発達、環境や経験など様々な要素の影響を受けます。したがって、幼少期には運動の獲得年齢にこだわることなく、遊びを通して多様な動きを経験する機会を増やしていくようにするのが望ましいといえます。いろいろな運動を並列的に行っていくうちに、それぞれの運動要素が相互に影響し合いながら、順序性をもって動きが習得されていきます。子どもたちの自発性や挑戦的な活動を引き出し、安全に実施できる環境を整えることが大切になります。幼児期に基本的な動作を身につけることは、小学校での体育をはじめとする様々な活動への円滑な導入にもつながっていきます。

こんなとき、どうする？

　自由遊びでは、遊びグループの顔ぶれや、遊び方が固定しがちになり、行う動きにも偏りが出てきます。できるだけ多様な動きを遊びの中で経験させるためには、どのような工夫ができるでしょうか。　▷

インクルーシブの視点から

　幼児期は、運動に関する機能の発達により、様々な動きの基盤となる基本的動作ができるようになり、上手になっていく時期です。ただし、中には運動が苦手で体の扱いが不器用な子どもたちもいます。運動面の不器用さは周囲に理解されにくいことが多く、そのため、本人にはかなりのストレスになっていることも多いようです。時には周りからのからかいやいじめの対象になることもあります。運動遊びの場面においては、本人が成功体験や達成感を得られるように、指導・支援をしてほしいと思います。子どもの困難さに理解を示し、本人なりの頑張りや上達をきちんと評価することが重要です。

　また一方で、このような子どもに対しても、運動課題の遂行において何がどこまででき

て、どこからができなくなるのか、など客観的に把握することも大切です。現状のスキルレベルを的確に観察し、記述、記録しておくことも必要でしょう。保育者と保護者が共に理解し、協力し合って、その子が好きな遊びや運動、あるいは苦手なものが何かを共有し、一緒に取り組むことも必要です。

保育の道しるべ

～多様な体の動きを取り入れていく～（4歳児1学期）

　筆者が勤務する園の遠足では、園では経験できないことができるよう、アスレチックを取り入れました。忍者の修行に見立て、忍者カードには「～の術」と称して、「ぶらさがる・のぼる・のぼっておりる・ぶたのまるやき・くものす」の5つのアスレチックを載せ、1人ひとりが自分のペースで挑戦できるようにしました。

　幼稚園の鉄棒では、すぐに前回りや逆上がりなどの技を練習しようとする子どもが多かったので、身のこなしや基本的な動きを大切にしたいと考え、「ぶたのまるやきの術」ではそれらが経験できるようにしました。遠足後は技にこだわらず、鉄棒で遊ぶ子どもが増えたように感じます。「のぼるの術」では揺れる網状のロープを登るのに、揺れる恐さを少し感じつつも、子どもたちは楽しんで登っていました。不安定なものにバランスをとりながら体を動かす経験は幼稚園の中では少なく、バランス感覚を養うのに必要な経験だと改めて感じました。また、「のぼっておりるの術」では、体の向きを途中で変えるということが難しく、保育者が手伝いながら向きを変えていきました。様々な動きの経験の少なさを感じると共に、今後どのように遊びの中にこの経験を取り入れていくか課題が残りました。遠足後は、園庭の固定遊具に積極的に取り組む子どもが増え、遠足の経験がつながっていったと感じます。1学期の終わりには「36の基本的な動き」を振り返り、不足している動きを再確認していきました。

　バランス感覚を身につけながら、身のこなしを養う経験を、遊びの中でどう取り入れていくか考えていくと共に、1人ひとりの経験の違いを見落とさないようにし、遊びや生活の中で多様な体の動きを取り入れながら、バランスのよい体作りを積極的に行っていく必要があるのではないでしょうか。

忍者カード

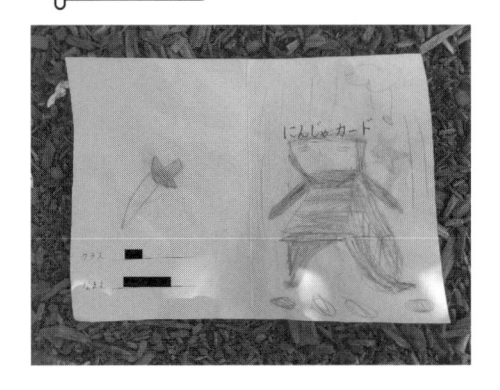

考えてみよう！

✎ 運動遊びの中にはどのような動作が含まれているか、観察し、まとめてみましょう。

✎ 子どもの活動量を高めるためには、どのような工夫ができるか考えてみましょう。

✎ 子どもの自発的な運動実施を促すための保育者の在り方を考えてみましょう。

✎ 乳幼児期の発達の特徴を踏まえて、発達段階に応じた運動・運動遊びの指導方法についてまとめましょう。

❀ 引用・参考文献 ❀

Haywood, K.M., Roberton, M.A. & Getchell, N.（2012）Advanced analysis of motor development. Human Kinetics. 185.

石河利寛 他（1980）幼稚園における体育カリキュラムの作成に関する研究 I.カリキュラムの基本的な考え方と予備的調査の結果について. 体育科学, 8, 150-155.

厚生労働省（2010）乳幼児身体発育調査報告書. https://www.mhlw.go.jp/toukei/list/73-22b.html（情報取得 2024/7/23）

文部科学省（2011）体力向上の基礎を培うための幼児期における実践活動の在り方に関する調査研究報告書. https://www.mext.go.jp/a_menu/sports/youjiki/index.htm（情報取得 2024/7/23）

文部科学省（2012）幼児期運動指針ガイドブック. 52-53. https://www.mext.go.jp/a_menu/sports/undousisin/1319772.htm（情報取得 2024/12/5）

森司朗・杉原隆・吉田伊津美・筒井清次郎・鈴木康弘・中本浩揮・近藤充夫（2010）2008年の全国調査から見た幼児の運動能力. 体育の科学, 61（1）, 56-66.

中村和彦・武長理栄・川路昌寛・川添公仁・篠原俊明・山本敏之・山縣然太朗・宮丸凱史（2011）観察的評価法による幼児の基本的動作様式の発達. 発育発達研究, 51, 1-18.

Portmann,A.（1961）人間はどこまで動物か（高木正孝, 訳）. 岩波書店

佐々木玲子（2015）発育発達から子どもの遊び・運動・スポーツを考える. 浅見俊雄・福永哲夫（編著）, 子どもの遊び・運動・スポーツ. 市村出版, 53-68.

Shirley, M.M.（1963）The motor sequence. In: Dennis W（Ed.）, Readings in Child Psychology（2nd ed.）. Prentice-Hall. 72-82.

スポーツ庁（2023）全国体力・運動能力、運動習慣等調査. https://www.mext.go.jp/sports/b_menu/toukei/kodomo/zencyo/1368222_00002.htm（情報取得 2024/7/23）

谷田貝公昭（2001）昔の子ども、今の子ども. 体育科教育, 49（4）, 76-77.

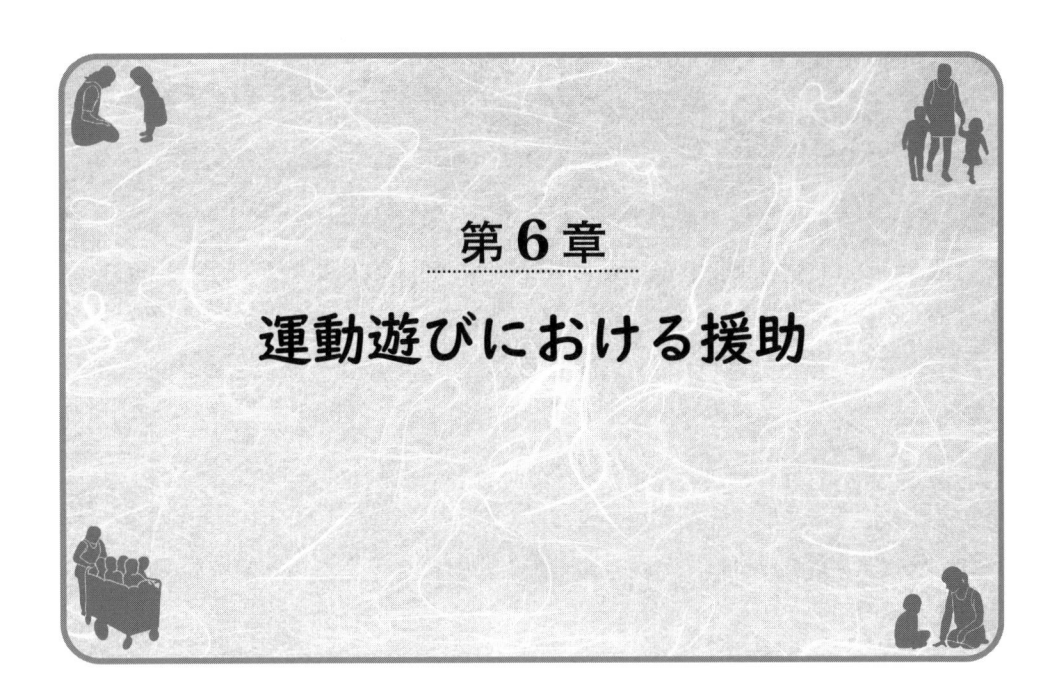

第6章
運動遊びにおける援助

この章で学ぶこと

✿ 幼児期の運動遊びの在り方について理解し、ふさわしい援助の方法について学びます。

✿ 幼児期の運動遊びにはどのような心理的要因が関わっているかを知り、運動遊びの援助における留意点を理解します。

✿ 豊かな運動遊びの経験のために保育施設と家庭が連携する必要性について、その具体的な方法と共に学びます。

　依然として問題になっている「安心して遊べる空間」「遊びに没頭できる時間」「一緒に遊ぶ仲間」の減少は、子どもが体を動かして遊ぶ経験の量や質にも大きな影響を及ぼします。こうした観点からも、保育施設における運動遊びの機会の充実は、今後ますます必要とされることは間違いありません。保育者として、子どもたちの運動遊びを豊かにするための援助の方法を知っておくことが求められるでしょう。また、家庭にも幼児期の運動遊びの必要性について理解してもらうことが期待されます。家庭との連携についてどのようなことができるかを考えていきましょう。

6.1　運動遊びの援助に関わる課題

　広々とした空間で思い切り体を動かして遊ぶことは、心や体の解放感を伴い、領域「健康」のねらいに含まれている「明るく伸び伸びと生活すること」にもつながります。また、遊びの中で様々な動きを経験することで、自分が思う通りに体を動かすことができる力を養い、生涯にわたる運動能力の基盤を作ることができます。しかしながら、保育の現場では「運動＝体育」のイメージが強くなり、本来の運動遊びの考え方から離れ、運動技術の習得だけが独り歩きしてしまうケースも少なくありません。本節では、運動遊びの援助において想定される様々な課題について検討しながら、子どもが自ら楽しんで運動遊びに関わることができる環境について考えます。

6.1.1　🦋 運動「遊び」とは何か

　幼児期の子どもの生活の中心は「遊び」であるということはいうまでもありませんが、ここで遊びの要素をもつ活動とは何か整理しておきましょう。ロジェ・カイヨワ（Roger Caillois）は著書『遊びと人間』の中で、遊びを「アゴン（競争）」「アレア（運）」「ミミクリ（模倣）」「イリンクス（眩暈）」の 4 つに分類できると述べました。幼児が好む運動遊びも、これらの分類において説明することが可能です。さらに、秩序がなく統制されていない状態である「パイディア」と規則性が支配する「ルドゥス」の 2 極からなる軸の存在についても示しています。

　たとえば、「アゴン」において「ルドゥス」の要素が増加すると、様々な規則をもつスポーツ競技性の強いものとなり、「ミミクリ」では舞台芸術性の強いものとなります。はしゃいだり騒いだりしている無秩序なものでも、ある程度ルールをもつものでも、子どもにとって「遊び」であることに違いはありません。ただし、ルールや規則のある運動遊びにおいては、その運動に特有の技術を高めることで競争に勝つことができるようになるため、ともすればその技術だけを身につけさせる一方向的な運動指導が行われることにつながりかねません。ボールを的に向かって蹴る練習を行うことは、サッカー遊びにおいて他児にパスをしたり、ゴールをすることが思い通りにできるようになるためであり、その結果として遊びが楽しくなることにつながる、ということを念頭に置いておく必要があります。

　カイヨワはまた、遊びは他の生産活動から分離され孤立したものであると述べ、その無償性について言及しています。日常生活から切り離された独自の世界に没頭し、遊びそのものの面白さを自発的に無償で追及するという、内発的に動機づけら

れた活動が生み出されるのが、遊びの本質であるといえるでしょう。反対に、技術を身につけることを目的とした運動指導において、「先生に怒られたくない」と罰を避けたり、「シールをもらえる」という報酬や「先生に褒められたい」などの賞賛を得るために参加するという場面もありますが、その場合「やらされている」「目的は遊びそのもの以外のところにある」という外発的に動機づけられた状態となり、遊びの本質からは遠ざかってしまうことがあります。

　たとえ運動遊びに参加するきっかけが外発的に動機づけられた状態であったとしても、徐々に運動そのものの楽しさを味わえるよう援助していくことが大切です。また、自己決定は運動の継続性を高めることができるので、保育者は常に、子どもたちが「やらされている」のではなく「やりたい」と思う活動となっているかどうかに気を配りましょう。そして、心も体も伸び伸びとした状態かどうか、子どもたちの様子をしっかりと見守ってください。

6.1.2 🦋 遊びの中で育まれる運動能力

　2〜3歳頃から象徴機能が発達すると、イメージの世界に身を置いて遊びを展開することが楽しいと思うようになってきます。高いところを「渡る」「よじ登る」、狭い場所を「くぐる」、などの動きを経験させたいとのねらいから巧技台等を用いる場合、「ジャングル探検に行こう！」などのイメージの世界を創り上げれば、巧技台の枠やふたはジャングルの「岩」となり、ビームは「丸太」に、はしごはアマゾン川の上に架かる「橋」になります。発達段階によってはビームの上にさらに障害物となる物を置くことで、「でこぼこした丸太」になるでしょう（図6.1）。落ちないように慎重に丸太を渡るのか、それとも後ろから追いかけてきたワニに捕まらないように急いで渡るのか、保育者は子どもたちのイメージが膨らむような言葉がけをすることで、不安定な場所でバランスを取る力、動きのスピードをコントロールする力も高めることができるでしょう。

また、丸太のでこぼこを避けながら渡るという動作は、4〜5歳児頃には「〜をしながら〜をする」などの、複数の動作を同時に行えるようになるという運動発達の方向性にも関連しています。保育者は常に子どもたちが遊びの中で運動を行えているかどうか留意しながら、発達段階にあった運動の経験ができているか確認する必要があります。

図 6.1　巧技台を用いた「ジャングル探検に行こう！」の環境構成

6.1.3 🐾 子どもをとりまく環境が運動経験に与える影響とは

　森ら（2004）は、一斉保育中心の園は自由（遊び）保育中心の園よりも運動指導を行う日数が多いにもかかわらず、一斉保育中心の園の幼児が、自由（遊び）保育中心の園及び一斉保育と自由（遊び）保育が半々の園の幼児よりも、運動能力が低いことを明らかにしています（図6.2）。なぜ、運動指導を頻繁に行っているのに運動能力が高まらないのでしょうか。森らは、運動指導を一斉で行うと保育者や指導者の説明を聞く時間や順番を待つ時間が長くなり、子どもが体を動かす時間は実は少なくなるのではないか、その結果として運動能力が向上しないのではないか、と考察しています。専門性の高い運動指導者に任せることで、子どもたちは多くの運動経験を積んでいると錯覚してしまうことがありますが、その場限りの活動に終わってしまっていないか、運動指導時に経験した運動が、子どもたちの好きな遊びの時間でも展開されているかどうかなどをよく見ておく必要があります。一斉の活動で行う場合には、今子どもたちが夢中になっている遊びや、この時期に経験してもらいたい運動について踏まえた上で、担任保育者と運動指導者が連携を取りながら、子どもたちのやってみたい気持ちや新たに挑戦してみたい気持ちに寄り添う活動となるよう留意するとよいでしょう。

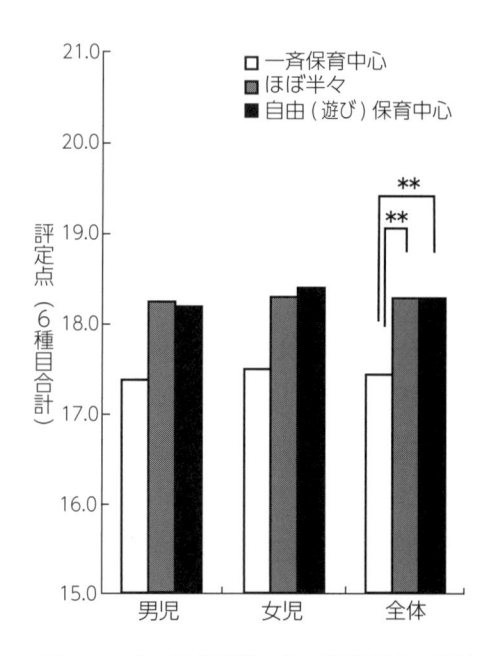

図 6.2　園の保育形態による運動能力の比較
出典：森 他（2004）園環境が幼児の運動能力発達に与える影響. 体育の科学, 54（4）, 334.

　また、前出の森らの調査結果（2004）においては、保育者自身が運動への苦手意識があると、そのクラスの子どもたちの運動能力が低くなることも示されています（図6.3）。運動が苦手と思っている保育者の中には、運動指導を行わなければならない、運動技術を習得させなければならない、と思い込んでいる人も多く、「自分はよいお手本を見せられないから」と運動を伴う活動を避けてしまう場合があります。子どもの生活の中心は「遊び」であること、運動は「遊び」の中で行われる必要があることを踏まえ、保育者は技術習得のお手本ではなく、運動遊びを楽しむお

手本になることが必要です。時には失敗することがあっても、失敗を恐れない姿を子どもたちに見せることが大切なのです。4〜5歳頃になると、いろいろな運動が得意になる子も目立ってきます。そのような子には保育者が「どうすればそんなに上手にできるの？ 教えてくれない？」と声をかけることで、他児との教え合う活動につなげることもできます。

このように、子どもたちの運動経験には、各保育施設の保育形態や保育方針、物的環境、保育者自身など、子どもを取り巻く様々な環境が影響を及ぼしていることをよく認識し、ふさわしい援助の方法を考えていきましょう。

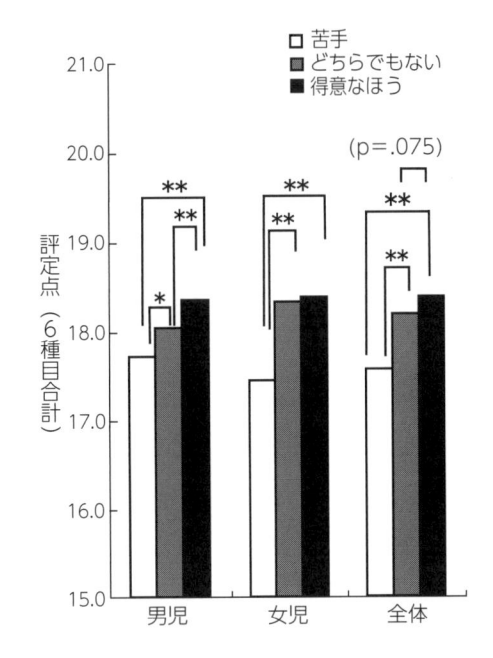

図 6.3 保育者の運動得意・不得意による運動能力の比較
出典：森 他（2004）園環境が幼児の運動能力発達に与える影響. 体育の科学, 54（4）, 335.

こんなとき、どうする？

特に都市部においては、十分な広さの園庭を有していない保育施設も増えています。このような環境でも子どもたちの運動遊びの経験を確保するためには、どのような工夫ができるでしょうか。　▷

6.2　運動遊びに関わる心理的要因

子どもが行う運動遊びには、体力・運動能力の向上だけではなく、自己概念や認知の発達、社会性の発達など、各発達段階において育まれる心理的な要因が深く関わっています。本節では、運動遊びと様々な心理的要因との関わりを知り、保育者の立場ではどのような援助の工夫ができるかを考えていきましょう。

6.2.1 🦋 運動遊びと自己概念の発達

　乳児は体の動きを通して自己とそれ以外の存在を知り、幼児期になると運動における様々な経験を通して「自分はどのような存在か」という自己概念を形成します。杉原（1989）は、運動遊びの経験における「できた」という達成経験が、積極性や活動性を伴う肯定的な自己概念を形成すると述べ、その模式図を示しました（図6.4）。

　運動の経験においてスキルの獲得が中心となった場合、また個々の運動経験や運動能力にあわない目標設定、他児との比較などが行われた場合、「できない」「失敗すると恥ずかしい」という思いを経験し、無力感から消極的で活動性が低い否定的な自己概念が形成され、さらに運動が「楽しい」と思えなくなります。その結果として、運動遊びを行う機会が減少する、「楽しい」と思う気持ちや「できた」という達成感を味わう経験が減少してしまうという悪循環に陥ってしまいます。「できない」気持ちを経験した子どもに対しては、保育者がその気持ちを受け止め寄り添いながら、遊びを通した運動の経験を増やすこと、個々の運動能力に対応したスモールステップによる目標設定や、その子の成長を認める言葉がけなどを行い、運動の楽しさを味わう経験が得られるよう援助を行いましょう。

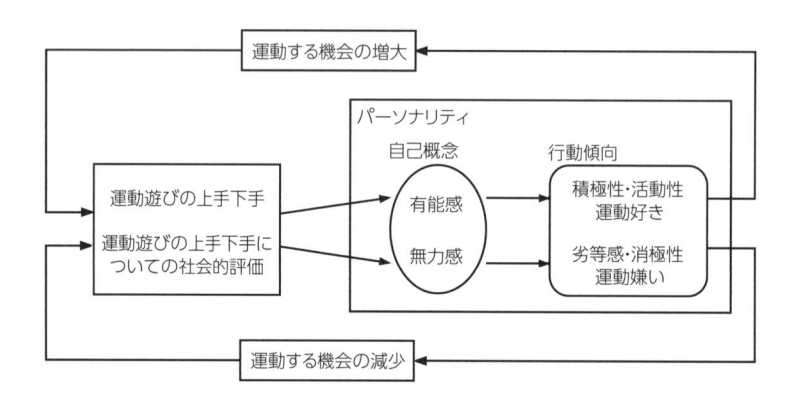

図6.4　運動経験と自己概念及びパーソナリティの関係についての模式図
出典：杉原隆（1989）子どもの心と体の健康. 近藤充夫（編著）. 保育内容健康. 建帛社. 54.

6.2.2 🦋 運動遊びと認知能力の発達

　4〜5歳の年長児になると、複数のルールのある運動遊びを楽しむようになります。たとえば、氷鬼（こおりおに）は、「鬼にタッチされたらポーズをして固まっていなければならない。でももし、味方が助けに来てタッチしてくれたらまたゲームに加わることができる」という遊びであり、目の前で起きている事象に対する反応だけでなく、「もし〜だったら〜する」と想像して思考する仮定法の概念を用いたルールの理解が必要になります。

　また、ボールを使った遊びにおいては、発達に伴いボールの軌道を予測して捕球することが可能になります。低年齢児では、転がるボールを後ろから追いかけるようにして取りに行こうとしますが、年長児になると、ボールがこの後どこに転がるかを予測し、なるべく最短距離で先回りをして走って取りに行けるようになるのです（森 他，1993）。ドロケイ（ケイドロ）などの鬼遊びにおいても、相手の体の向きを見て、「どこに走っていこうとしているか」を予測して先回りをしたり、逆に相手と反対の方向に走って逃げることができるようになります。こうした運動は、対象物と自己の関係を認知できる力が必要であり、その結果運動を行うタイミングや方向をコントロールすることによって可能になります。固定された対象物ばかりではなく、動く人や物を介した運動の経験も行えるよう、発達段階にあわせた遊びの内容を工夫することが大切でしょう。

　その他、幼児は就学前から具体物に関する簡単な足し算や引き算を行うことができるといわれており、これらは小学校教育において獲得されるよりも前に、日常生活における様々な経験において可能になるといえます。このような数の概念は、運動遊びにおいても必要な場面が見られます。たとえば、鬼遊びでは「10 数えたら鬼が捕まえ始める」、大縄遊びでは「連続で何回跳べたか」「さっきよりも 2 回少なかった」、ドッジボールでは「みんなで 10 人いるので、2 つのチームにそれぞれ 5 人ずつ入ればよい」など、子どもたちは運動遊びの中で自然と数の概念を利用しているのです。最近では語学や計算などの早期教育を保育施設に求める保護者も増えていますが、数字としての抽象的な数概念は就学後に学習を進めていくので、その前段階である幼児期には、体を動かしながら、具体物を対象とした数に触れる経験を重ねておく必要があることを伝えればよいでしょう。

　さらに最近では、知的な能力としての認知能力だけではなく、意欲や人と関わる力などを含むいわゆる非認知能力の発達にもスポットが当てられていますが、その中の「実行機能」の発達と運動遊びとの関係にも触れておきたいと思います。実行機能とは、自分はこうしたいと思っても目標を達成するためにそれを我慢して優先すべきことを指示できる能力で、自制心と深く関わっており、幼児期後半に発達することがわかってきました。そして最近の研究を通して、身体活動を伴う遊び、とりわけイメージを膨らませて何かになりきりながら自分の体を動かすごっこ遊びが、実行機能の向上に貢献するのではないかと示唆されています（森口，2018）。子どもたちの中で戦隊ヒーローになりきる遊びが始まれば、安全に配慮しながら、イメージの世界を豊かに表現できるような環境作りを援助し、よりダイナミックに体を動かして楽しめるような工夫ができるとよいでしょう。

6.2.3 　🦋 運動遊びと社会性の発達

　子どもは様々な基本的な動作を経験しながら、複数名がいる場での遊びや、4〜5歳頃には集団的な遊びを楽しむようになります。園庭のブランコやすべり台では、すぐに遊びたい気持ちを抑えて順番を待つことや、鬼遊びのルールを決める際には、他児の意見を聞き、時には自分の考えを押し通すことを我慢し妥協することが必要な場面にも出くわします。協調性などに代表される社会性の発達は、前項で述べた非認知能力とも関連しますが、このように他者と共に体を動かして遊ぶ経験の中でも育まれることが明らかになっています。保育者は、一方向的に運動の技術を教え込むような活動に偏ることなく、子どもたちが自発的な遊びの中でコミュニケーションを取りながら運動遊びのルールや役割を決める場を見守ることが大切です。時には意見がぶつかったり、子どもたち同士では意思の疎通がうまくできない場面もありますが、個々の心情を受け止め、子どもたちの自律性を大切にしながら、必要な援助をすることが望ましいと思われます。

　また一般的に、歩調をあわせることや同じステップで踊ることなど、他者と動作を同期させることは、集団の凝集性を高める効果があるといわれています。子どもたちの生活においても、みんなで一緒に踊ったり手遊びをしたりする場面は多く見られますが、鈴木（2009）は、「幼児が動作のリズムを同期させることや同調することは、他者と身体感覚を共にする役割を担っている」「顔を合わせて踊ることで楽しさを共有し、一緒に行うことにより快感情がもたらされる」、と述べています。運動会やお遊戯会では保育者が振付をしたダンスを一斉に踊る機会もあるでしょう。保育者は、子どもたちが動きを「揃える」ことに執着するのではなく、お隣や向かい側のお友達と同じタイミングでジャンプをしたり一緒に手を高く挙げたりすることに、「心地よさ」や「嬉しさ」を味わう気持ちを大切にして援助したいものです。

こんなとき、どうする？

　順位をつけないかけっこ、勝敗を決めないドッジボールなど、運動遊びにおいて、「他者との差」を明確にすることを避ける園も見られるようになってきました。あなたはどのように考えますか？　　　　　　　　　　　　　　　　　　　　▷

インクルーシブの視点から

定型発達児は他者の真似をして一緒に手遊びやダンスを行うことができますが、これには自己のボディイメージ（身体図式）の発達が関わっています。さらに、他者のボディイメージと自己のボディイメージに共通性があることを前提としたミラーニューロンの働きにより、模倣が可能となります。

しかし、自閉スペクトラム症児は、このシステムの働きにくさが原因で、他者の動作の模倣が困難である可能性が示唆されています。こうした場合は、逆に保育者や周りの子どもが対象児の動作を模倣することで、対象児は自己と他者のボディイメージに共通性があることに気づき、他者とのコミュニケーションに変化が現れる可能性があります。また障害の有無にかかわらず、他者に模倣されることは自己が認められていること、すなわち自己肯定感の高まりにつながるともいわれます。いつも、子どもが保育者の動作を真似するという一方向的な模倣だけではなく、「互いの動作を真似し合う」活動も取り入れてみるとよいでしょう。

6.3 運動遊びにおける家庭・保護者の関わり

これまでに述べてきたように、幼児期は、様々な運動を経験することで、多様な体の動きを獲得し、体を動かす心地よさを十分に味わいたい時期です。体を動かして楽しむ豊かな体験が、「もっとやりたい」「明日もやろう」という意欲を育てます。幼児期の運動経験は、運動能力だけでなく、自ら体を動かそうとする意欲を育み、それが児童期の運動習慣へ、やがては生涯にわたる健康増進へとつながっていきます。

保育施設は、保育活動の中だけでなく、子どもが毎日の生活の中で十分に体を動かし、運動を楽しむ機会をもてるよう、家庭や地域と連携して、より豊かな運動遊びの環境作りをサポートする役割を担っています。

6.3.1 子どもの運動遊びと家庭環境

幼児期運動指針では、保育施設に限らず、家庭や地域を含む生活時間の中で、「毎日、合計 60 分以上」の運動を推奨しています。しかし、現代の子どもの運動遊びを取り巻く生活環境は、次に述べるように、多くの課題があります。

2022（令和 4）年に実施された首都圏の乳幼児をもつ保護者を対象とした生活に関する調査（ベネッセ教育研究所, 2022）では、調査開始の 1995 年と比べて、降園後や休日の子どもの遊び相手は母親や父親となる家庭が増え、友達や兄弟と遊ぶ機

会が減っています。スマートフォンやタブレット端末の使用や YouTube などの動画を観る遊びが多くなり、遊び方にも変化が見られます。家庭での教育に関しては、数や文字の学習や、芸術的な教育への関心が高まる一方で、親子で体を動かすことや、自然と触れ合うことへの関心は低い傾向にあります。

　友達と遊ぶ機会が少なくなり、保護者が主な遊び相手になっている現代の家庭環境では、保護者の行動や意識が子どもの遊びに大きく影響します。子どもの運動遊びの経験や意欲は、体をたくさん動かし、夢中になって遊び、他者との温かな触れ合いを通して、より豊かに育ちます。また、幼児期は、信頼する人の行動や言動を観察し、模倣し、自分の行動や言葉として取り込んでいく時期です。家庭では、身近な遊び相手である保護者自身が、幼児期における運動遊びの重要性を理解し、子どもと一緒に体を動かす時間を楽しめることが理想です。実際に、保護者自身が運動を得意と感じている家庭、もしくは不得意と感じていても子どもと体を動かすことが好きな家庭は、子どもが運動やスポーツを実施する頻度が高いとの報告があります（笹川スポーツ財団スポーツ政策研究所，2017）。しかし、保護者の就労状況や子育てのサポート体制など、家庭環境は様々で、子どものことでどうしたらよいかわからない、いらいらしてしまうなど、子どもと遊ぶことを心から楽しめない保護者も少なくないのが現状です。

　保育施設は、保育活動の中での運動遊びを充実させると同時に、保育活動以外の毎日の生活の中でも子どもが十分に体を動かし、充実感を味わえるよう、家庭や地域へ働きかけ、サポートする役割を担っています。特に家庭との関わりにおいては、保育者は保護者と「子どもを共に育てる」という意識をもって、保護者に寄り添い、コミュニケーションを深めることが大切です。

6.3.2 　🦋 保育施設から家庭への運動遊びの情報発信

　家庭との連携の第一歩は、保育者と保護者とのコミュニケーションを通じて、園での運動遊びの様子を丁寧に伝え、子どもが今どんな遊びに夢中になっているのかを保護者に知ってもらうことです。また、家庭で子どもが楽しんでいる遊びについても、保護者と情報を交換し、保育施設と家庭での遊びのつながりを大切にします。

　日々の送迎の際の保育者と保護者の会話や、連絡帳でのやり取りは、子ども 1 人ひとりの状況を情報共有する上で、重要なコミュニケーションの機会です。

　その他に保育施設から家庭へ働きかける方法の例を、以下に挙げます。

・園だよりや SNS で園の様子を配信

　紙面による園だよりをはじめ、近年はホームページ、ブログ、SNS やオンデマンド配信など、Web メディアを活用した情報発信を積極的に取り入れる園が増えています。子どもがどんな遊びをしているか、保育活動でのエピソードや、写真や動画を交えて伝えることで、保護者の理解や関心がより深まります。その際、子どものクラス、名前や顔などを含む個人情報の取り扱いには、十分な注意が必要です。

・保育参観、スポーツデーなど行事の企画、休園日の保育施設の開放

　保育参観をはじめ、保育参加、親子遠足やスポーツデーなど、保育活動に保護者が一緒に参加する行事も検討されます。土曜保育を行わない幼稚園や幼稚園型の認定こども園の中には、休園日である土曜日に、園庭や一部の保育室を開放する保育施設もあります。子どもたちが遊んでいる中に保護者が一緒に入ると、普段の遊びの様子がよく見えます。子どもたち同士の遊びの世界をのぞいてみると、家庭では見られない我が子の姿を発見できるかもしれません。また、自分の子ども以外の子どもたちと関わる機会が増え、保護者同士のコミュニケーションを深めるきっかけにもなります。留意点として、保護者と遊ぶイベントを開催する際は、子どもとの遊びのルールや、安全に遊ぶために配慮するポイントについて園と保護者が情報共有しておくことが大切です。

　しかしながら、日々の生活と仕事で多忙な家庭が、保育活動に頻繁に参加するのはなかなか困難なのが現状です。開催する日や時間帯を複数設定するなど、保護者がより参加しやすい配慮も必要となります。また、従来の対面型の交流だけでなく、オンラインで参加できる形式や、オンデマンド配信を活用する方法もあります。保護者との交流の機会やイベントの企画設定は、保護者の意見や要望を取り入れながら、メディアを利用して柔軟に対応するとよいでしょう。

・地域の資源を活用、地域のスポーツ教室との連携

　保育施設から少し足を延ばして、自然豊かな公園まで散歩に行く親子遠足を企画すれば、子どもと保育者と保護者が一緒になって、地域の身近な自然の中でのびのびと遊べる機会となります。

　近年は、「幼児と大人」という年齢だけでなく、性別、障害の有無などにかかわらず、誰もが一緒に楽しめる、ボッチャやモルックなど、ユニバーサルスポーツが普及しています。地域のスポーツセンターや民間のスポーツクラブなどと共同して、ユニバーサルスポーツを取り入れたイベントを地域で開催すれば、地域の人との交流の場になると期待できます。

・家庭でできる運動遊びや運動の楽しみ方の紹介

体を動かす遊びは、家の中にも溢れています。園だよりや SNS を通じて、家庭でできる遊びや運動の楽しみ方を保育施設から家庭へ紹介するのも 1 つの方法です。

たとえば、家庭に運動遊びの道具がなくても、保護者が床にごろんと横になり、子どもが保護者の身体に乗ったり、押して転がすだけで、楽しい遊びになります（図 6.5）。

家庭にある廃材を使って、遊び道具を作って遊ぶこともできます。ティッシュペーパー

図 6.5　家庭でできる運動遊びの例 1

の空き箱が 2 つあれば、子どもが左右の足に空き箱を履いて、保護者と手をつないで家の中を歩くと楽しいです。ダンボール紙を子どもサイズのスノーボード板の大きさに切って、子どもの足をのせれば、スノーボードごっこになります（図 6.6）。ダンボール紙と毛糸で、手作りのバスケットゴールも作れます（図 6.7）。新聞紙で紙飛行機を作ると、折り紙の紙飛行機よりサイズが大きく、飛ばし方がよりダイナミックな動きになります。新聞紙を丸めたバットとボールでは、野球ごっこもできます。

図 6.6　運動遊びの例 2

図 6.7　運動遊びの例 3

以上のように、家の中でも工夫次第で遊びは十分展開できます。遊びを紹介する際には、用具の扱い方や、安全に遊ぶために配慮するポイントについても伝えます。

また、運動やスポーツの楽しみ方は、「体を動かす」だけではありません。「見る」「知る」ことも、運動の楽しさを味わい、体を動かすきっかけ作りにつながります。

子どもが身近に触れるメディアとして、テレビだけでなく、スマートフォンやタ

ブレット端末を使用する割合が増えています（ベネッセ教育総合研究所, 2022）。それらを活用して、親子でスポーツ観戦や、スポーツ選手について調べてみると、スポーツへの関心が高まります。スポーツへの興味や、スポーツ選手への憧れは、運動やスポーツを始めるきっかけにもなります。スポーツのイベントは、オリンピックをはじめとして、野球、サッカー、体操、水泳、マラソン、スキーやスケートなど、各競技のワールドカップや選手権大会が年間を通じて開催され、ライブ配信で視聴できる機会も多くなっています。親子でいろいろな競技に触れてみるとよいでしょう。

　自然体験に興味がある家庭は、キャンプや釣り、ハイキングなど、体験してみたいアクティビティや行ってみたい場所を調べることも有意義です。

　ダンスに興味がある家庭は、たとえば、子どもがよく知っている童謡や好きな音楽をかけて、親子で一緒に体を動かすと、リズムにあわせて踊る心地よさを味わえます。ダンスの DVD や YouTube 動画を見て、親子で真似して踊ってみるのもよいでしょう。

　家庭でできる運動遊びや運動との関わり方を紹介するには、園だよりをはじめ、SNS や動画配信などの Web メディアを活用するなど、保護者や子どもが手軽にアクセスしやすい方法で情報を発信すると効果的です。

6.3.3　🦋 家庭と連携して子どもの運動遊びを支える

　子どもの運動遊びの成功体験は、体をたくさん動かし、夢中になって遊ぶ楽しい時間の積み重ねによって、より豊かなものとなります。身近な遊び相手である保護者自身が、子どもとの運動遊びを楽しめることが理想ですが、子どもとどのように遊べばよいかわからないという保護者も少なくありません。保育者として、「大好きな保護者自身が充実感をもって子どもと取り組む活動は、子どもにとっても楽しい」ということを、保護者へ丁寧に伝えていくとよいでしょう。子どもが夢中になっている遊びを知り、一緒に遊ぶだけでなく、保護者自身が楽しいと思えることに子どもを誘うのもよいし、子どもも保護者も体験したことのない新しい遊びに一緒に挑戦するのもよいでしょう。保育者も保護者も、生活や仕事に忙しい日々の中でも、子どもと体を動かし、一緒に笑い合って、子どもを育てる充実感を存分に味わいたいものです。

こんなとき、どうする？

　「家事や育児が忙しく、休日は疲れていて子どもと一緒に遊ぶ意欲がわかない」

と訴える保護者がいます。クラス担任の保育者として、どのような声かけをします
か？

保育の道しるべ

　5 歳児の 3 学期、鉄棒で逆上がりをする友達の姿に刺激を受けた 2 人の子どもたち
A児、B児。その日から鉄棒に明け暮れる日々が始まりました。手に豆ができて手の皮
が剝けるまで毎日取り組んでいました。保育者も一緒に鉄棒に向かい、手をかけたり
声をかけたり励まし続けますが、一進一退のもどかしい日々でした。鉄棒が得意な友
達が「思い切り足を蹴り上げるの！」「腕に力を入れて体を持ち上げるの！」など、自
分の経験からコツを教えてくれたり、逆上がりをする友達の様子を注意深く観察した
り、お互いに伝え合う姿も見られました。5 歳児ともなると友達との関係が深まって
いるので、自分の気持ちを相手にわかりやすいように伝えようとしたり、友達を応援
しようとしたりする気持ちが育ってきていることがよくわかります。一緒にがんばっ
ていたA児が先に逆上がりができるようになっても、B児は諦めずに続けていました。

A児、B児、保育者の 3 人で決めた「卒園まで
にできるようになる！」という目標はカウント
ダウンが始まりました。保育者はB児が諦めて
しまうのではないか？ と思うこともありまし
たが、先にできるようになったA児が横で丁寧
に教えながら励ましている様子に「卒園までに
できるようになればいいな…」と思うようにな
りました。卒園を目前にしたある日、寸暇を惜

しんで鉄棒に励んでいたB児が、何の前触れもなく逆上がりができるようになりました。
あまりにも突然の出来事で最初は驚いて声も出ませんでしたが、顔を見合わせて「やっ
たー！」と喜ぶと、B児は照れくさそうに、でも誇らしそうな表情をしていました。

　子どもたちは、保育者や友達の行動に刺激を受けて、「何してるの？」「やってみたい！」
という気持ちが生まれます。3 歳児の時には苦手意識をもたなかったことでも、5 歳児に
なると苦手意識をもつようになることもあります。発達年齢が大きくなるにつれて周りの
状況に目が向くようになると、自分と友達との違いがわかり、比較するようにもなります。
苦手意識をもっていても諦めないで挑戦する意欲はどこから生まれてくるのでしょうか？
個々の子どもがもっている資質や能力によるものかもしれませんが、友達や保育者の応援
や支えがあってこそ、諦めそうになった時に頑張る力になるのではないかと思います。ま
た、運動に対して「できる」「できない」の結果だけではなく、過程の大切さを伝えていく
ことも必要だと思います。

✍ ──────◆◇ 考 え て み よ う ！ ◇◆────── ✍

✎ ボールや縄、フラフープ、マットなど保育施設にある遊具を用いて、各年齢でどのような運動遊びが展開できるでしょうか。3～5歳それぞれの発達段階にふさわしい運動遊びの計画を立ててみましょう。

✎ 上記で立てた運動遊びには、どのような心理的な要因が関わっているでしょうか。具体的な場面を挙げて書き出してみましょう。

✎ 家庭にある廃材を使って、運動遊びの道具を作ってみましょう。作った道具で実際に遊んでみて、遊びに適した月齢や、遊びのルールや配慮事項を考えてみましょう。

✎ 担当クラスの保護者に向けて、家庭でできる運動遊びを紹介する設定で、遊びの紹介動画（5分程度）を作ってみましょう。

❀ 引用・参考文献 ❀

ベネッセ教育総合研究所（2022）第6回幼児の生活アンケート ダイジェスト版. https://benesse.jp/berd/jisedai/research/detail_5803.html/（情報取得 2024/8/23）

近藤充夫(編著)・岩崎洋子・落合優・杉原隆・松岡弘・松永恵子(著)（1989）保育内容健康. 建帛社.

文部科学省（2012）子どもの体力向上のための取組ハンドブック. https://www.mext.go.jp/a_menu/sports/kodomo/zencyo/1321132.htm （情報取得 2024/12/5）

文部科学省（2012）幼児期運動指針ガイドブック. https://www.mext.go.jp/a_menu/sports/undousisin/1319772.htm（情報取得 2024/12/5）

森口佑介（2018）実行機能と遊び. 発達, 39, 29-34.

森司朗・杉原隆・吉田伊津美（2004）園環境が幼児の運動能力発達に与える影響. 体育の科学, 54（4）, 329-336.

森司朗・杉原隆・近藤充夫（1993）転がってくるボールに対する幼児の対応動作に関する研究. スポーツ心理学研究, 20（1）, 29-35.

Roger Caillois（1990）遊びと人間（多田道太郎・崎幹夫, 訳）. 講談社

笹川スポーツ財団（2017）子ども・青少年のスポーツライフ・データ2017：4～12歳のスポーツライフに関する調査報告書. https://www.ssf.or.jp/thinktank/sports_life/datalist/child_youth2017/index.html（情報取得 2024/8/23）

鈴木裕子（2009）幼児の身体活動場面における模倣の役割に関する事例的検討. 発育発達研究, 42, 24-32.

第7章
子どもの食と健康

この章で学ぶこと

✿ 養護及び教育の一体性を踏まえた保育における食育の意義や目的、内容について理解し、食育を実践する方法を学びます。
✿ 乳幼児期の発育・発達と食の関連性を理解し、発育・発達に見合った支援の方法を学びます。
✿ 食物アレルギーを有する子どもへの食支援について学びます。

　子どもの食は、健やかな成長・発達を支えるだけでなく、生涯にわたる健康と生活の基盤となり、その後の心身の健康に大きな影響を及ぼします。子どもが望ましい食生活を実践するためには、保育・教育者が小児期の成長・発達過程を理解し、それにあった食生活上の特徴を把握することが求められます。本章では、子どもの食を豊かにするための食育の推進や食を通した支援を中心に学び、保育・教育現場での実践に結びつけることを目指します。

7.1　食育の意義と食育の推進

　子どもの頃の食習慣は生涯にわたる食習慣の基盤となるものであり、将来の健康に大きな影響を及ぼすため、子どもの頃からの食育が重要です。現在、食育基本法、

食育推進基本計画により幅広い食育が推進されています。保育施設における食育の位置づけを理解した上で食育を進めることが求められ、豊かな食を育むためには環境の整備も重要です。

7.1.1　🦋 食育基本法と食育推進基本計画の概要

食育基本法

2005（平成 17）年に食育基本法が制定されました。食育基本法では、食育を「生きる上での基本であって、知育、徳育及び体育の基礎となるべきものと位置づけるとともに、さまざまな経験を通じて『食』を選択する力を習得し、健全な食生活を実践することができる人間を育てること」とし、特に、子どもたちへの食育は「心身の成長及び人格の形成に大きな影響を及ぼし、生涯にわたって健全な心と身体を培い豊かな人間性をはぐくんでいく基礎となるもの」としています。この背景には、社会情勢が変化したことで人々の食生活が大きく変化し、栄養の偏り、不規則な食事、肥満や生活習慣病の増加、過度のやせ願望など様々な問題が生じていること、食の安全性や伝統的な日本の食文化が失われていくことへの危機感が挙げられています。

さらに、心身の健康を増進する健全な食生活を実践するために、家庭、学校、保育所、地域等を中心に、国民運動として、食育の推進に取り組んでいくことが明記されており、食育の推進を図るために食育推進基本計画を作成することが定められています。

食育推進基本計画

食育基本法に基づき食育を推進するために、食育基本法制定の翌年 2006（平成 18）年に食育推進基本計画が策定され、以降 5 年ごとに計画が見直され、2021（令和 3）年度から 2025（令和 7）年度までは第 4 次食育推進基本計画が定められています。

第 4 次食育推進基本計画では、国民の健康や食を取り巻く環境の変化、社会のデジタル化など、食育をめぐる状況を踏まえ、重点事項として「①生涯を通じた心身の健康を支える食育の推進、②持続可能な食を支える食育の推進、③『新たな日常』やデジタル化に対応した食育の推進」が掲げられています。推進する内容として「①家庭における食育の推進、②学校・保育所等における食育の推進、③地域における食育の推進、④食育推進運動の展開、⑤生産者・消費者との交流促進、環境と調和のとれた農林漁業の活性化等、⑥食文化の継承のための活動への支援等、⑦食品の安全性、栄養その他の食生活に関する調査、研究、情報の提供及び国際交流の推進」が定められています。

7.1.2 　🦋 保育施設における食育の位置づけ

　保育における食育は保育所保育指針（厚生労働省，2017）に基づき、養護および教育を一体として展開することが求められています。保育所保育指針では「養護とは、子どもの生命の保持及び情緒の安定を図るために保育士等が行う援助や関わり」とされ、教育は「子どもが健やかに成長し、その活動がより豊かに展開されるための発達の援助」であり、健康、人間関係、環境、言葉および表現の 5 領域からなっています。乳幼児期は身体の発育が旺盛であり、食事は成長と生命の保持に必要不可欠なものであるだけでなく、保育者は子どもの食べたいという感情に寄り添い、信頼関係を築くことで情緒の安定を図ることにつながります。また、日々の保育の中で行われる様々な活動、たとえば自然と触れ合ったり、友達と関わりながら楽しく食事をしたりなどの体験を積み重ねていく中で、子どもたちは様々なことに興味をもち、自発的に活動していきます。そのため、保育者は養護及び教育を一体とし、子ども 1 人ひとりを主体として受け止め、様々な体験ができるよう適切に援助をしていくことが大切です。

保育園における食育の推進

　保育所保育指針（厚生労働省，2017）の第 3 章「健康及び安全」の中で、「ア　保育所における食育は、健康な生活の基本としての『食を営む力』の育成に向け、その基礎を培うことを目標とすること。イ　子どもが生活と遊びの中で意欲をもって食に関わる体験を積み重ね、食べることを楽しみ、食事を楽しみ合う子どもに成長していくことを期待するものであること。ウ　乳幼児期にふさわしい食生活が展開され、適切な援助が行われるよう、食事の提供を含む食育計画を全体的な計画に基づいて作成し、その評価及び改善に努めること。」などが挙げられています。

幼稚園における食育の推進

　幼稚園教育要領（文部科学省，2017）の「健康」の中で、「先生や友達と食べることを楽しみ、食べ物への興味や関心をもつこと」が指導内容として示され、指導する際の留意点として、「健康な心と体を育てるためには食育を通じた望ましい食習慣の形成が大切であることを踏まえ、幼児の食生活の実情に配慮し、和やかな雰囲気の中で教師や他の幼児と食べる喜びや楽しさを味わったり、様々な食べ物への興味や関心をもったりするなどし、食の大切さに気付き、進んで食べようとする気持ちが育つようにすること。」と明記されています。

認定こども園における食育の推進

幼保連携型認定こども園教育・保育要領（内閣府・文部科学省・厚生労働省, 2017）では、第2章「ねらい及び内容並びに配慮事項」、第3章「健康及び安全」の中で、食育に関する内容の充実が図られ、各園で食育計画を策定し、教育・保育活動の一環として食育を推進していくことが示されています。

7.1.3 ✿ 食育の内容、計画および評価

「楽しく食べる子どもに－保育所における食育に関する指針－」（厚生労働省, 2004）において、食を営む力の育成に向けた5つの子ども像（①お腹がすくリズムのもてる子ども、②食べたいもの、好きなものが増える子ども、③一緒に食べたい人がいる子ども、④食事づくり、準備にかかわる子ども、⑤食べものを話題にする子ども）の実現を掲げています。食育の「ねらい」として、3歳以上児では食育の5項目である「食と健康」「食と人間関係」「食と文化」「いのちの育ちと食」「料理と食」が設けられ、各項目に子どもが身につけることが望まれる心情、意欲、態度が示されています。また、これらのねらいを達成できるように、食育の「内容」「配慮事項」において保育者が援助する事項を示しています。3歳未満児については発達特性から食育のねらいの5項目を明確に分けることができず、5項目に配慮しながら一括して示しています。

食育推進のためには、その保育施設における子どもたちの食を取り巻く環境から課題を見つけるところから始まります。保育所保育指針、幼稚園教育要領、幼保連携型認定こども園教育・保育要領、保育所における食育に関する指針などに示された基本に基づき、食育の目標や内容を考えて計画を立て（Plan）、実施し（Do）、その評価を行った後（Check）、次回の計画立案に向けて改善を行います（Action）。この一貫したマネジメントサイクルをPDCAサイクルといいます。

計画については、保育における全体的な計画である保育課程に基づいた指導計画の中に、保育の一環として食育を位置づけ「食育の視点」を含めた指導計画を作成します。長期的な指導計画として、年間の食育指導計画に食育目標を掲げ、発達過程に応じた食育のねらいや内容、保育者の援助や栄養士・調理員の連携、家庭・地域との連携といった配慮事項をまとめていきます。計画に沿って実行した後の評価としては、子どもたちの身長、体重、提供した食事からのエネルギー及び栄養素摂取量などの量的な評価と、子どもたちの心情、意欲、態度など子どもたちの育ちから見える質的な評価があります。質的な評価には、子どもたちをよく観察し記録しておくことが重要です。また、保育者側の自己評価も必要であり、職員間で食育の実践がどのようにできたかを共有し、さらなる課題解決に向けた計画作成を行います。

7.1.4 🦋 豊かな食を育むための環境

　保育所保育指針には、子どもが自らの感覚や体験を通して、自然の恵みとしての食材や食の循環・環境への意識、調理する人への感謝の気持ちが育つように、子どもと調理員等の関わりや、調理室など食に関わる保育環境に配慮することが記されており、食育を実践するための環境を整えることが必要です。豊かな食を育む環境は豊かな人間関係をも育み、心身共に豊かに成長していきます。

物的環境の整備

　物的環境には教育媒体、設備（保育室や給食室）、調理器具や食器などがあります。食育において重要なのは子どもの興味・関心をいかに引き出せるかにあるため、子どもたちが自主的にやってみたいと思うような物的環境を整えるようにします。絵本の読み聞かせ、ペープサートやエプロンシアターなどの食育媒体や、調理器具や食器などを使ったままごとなどは、子どもたちの想像力を働かせ、食に興味をもつきっかけになります。子どもたちが食べる食事そのものも、食育の教材としての役割をもつため、五感（視覚、嗅覚、聴覚、味覚、触覚）を刺激するような食事を提供します。旬の食材を取り入れたり、行事を学ぶことができる食事を取り入れたりするとよいでしょう。さらに、食事をする環境も重要であり、子どもたちが落ち着いて安心した状態で食事ができるよう子どもの発育にあった机や椅子を用意したり、楽しい食事の雰囲気になるようテーブルクロスを用意したりすることは環境整備において大切なことです。また、自園調理で給食室がある場合は、食事を作っている過程を子どもたちが見ることができるため、感謝の気持ちをもつ心にもつながります。

人的環境の役割

　人的環境には、保育者、栄養士・調理員、保護者、周りの子ども、地域の方々などがあります。食育を実践していくためには保育者、栄養士・調理員の存在はとても重要であり、保育者は子どもの発達にあった内容で物的環境を上手に利用し、適切な援助を行う役割を担います。栄養士は子どもの発育や栄養状態にあわせた栄養管理と食事提供を行い、健全な心身を培う食育を展開します。ただし、保育施設での食事は昼食の 1 回のみであり、家庭での食事の様子も重要であるため、共に食育を実践していくためには保護者との連携は必須です。また、周りの子ども同士との関わりによっても新たな発見があり自主性も尊重されるため、食事の場面でも豊かな感受性のもと自由な発想でコミュニケーションを取ることは人的環境だけでなく社会的環境の役割にもつながります。さらに、地域の方々との触れ合いにより、子

どもたちは地域の中で生活していることを学びます。地域の高齢者との関わりでは子どもたちの知らない知恵や知識を得る機会となり、地域の保健所や子育て支援センター、小学校、他の保育施設などの関係機関と日常的に連携を図ることで、様々な食育の体験が広がっていきます。

自然環境と体験

自然環境には、水、土、植物、虫、動物、川、山、海、田んぼなどがあります。子どもたちが自然と触れ合うことで五感が刺激されるだけでなく、食べ物や動物の大切さを理解することにつながります。プランターや畑で野菜を栽培し、収穫する体験はその野菜への興味へと進展し、苦手なものでも食べてみようという意欲が高まります。また、地域の生産者の方の畑へ出向いての収穫体験は、地域の方々に支えられていることも実感できる機会となります。さらに、栽培体験、収穫体験だけでなく、普段の遊びの中で自然環境を利用してままごとを行ったり、身の回りにある自然について調べたりすることで、それが食への興味・関心を抱くきっかけにもなるため、できるだけ自然に触れられる環境を作るとよいでしょう。

こんなとき、どうする？

保育施設の食育活動として、「野菜の栽培」を取り入れて食育の計画を立てようとした場合、食育活動として充実させるにはどのような点に留意すべきでしょうか。

インクルーシブの視点から

障害のある子どもでは、食事の場で特徴的な行動が生じることが多いとされています。極端な偏食、過食や嚥下困難など様々です。保育施設において友達と違うことが生じますが、周りの友達の姿を見て刺激を受けたり、逆に周りの友達が褒めてあげたりして人間関係を築いていく場面もあります。もちろん障害の内容によっては、食事の際に保育者の介助が必要である場合もありますが、その子のペースを大切にしつつ共食をしていきましょう。また、近年、日本で暮らす外国人の数は増加しており、外国籍の子どもが在籍している保育施設も多いとされています。日本と異なる言語、習慣、文化、宗教をもつ子どもの保育とその保護者への対応において問題が生じることもあるでしょう。特に、食事の場面では、宗教上禁忌の食材があることや、文化の違いのため理解を得にくい場面が多く、個別対応が必要な場合もあります。しかし、各国で食文化が異なることを知ることは、子ど

もたちにとっても文化の違いを知る非常にいい機会となるため、給食で世界の料理を取り入れたり、世界で食べられる食品や食べ方について伝えたりして、食育につなげていくのも 1 つの対応になるでしょう。

7.2　乳児期における食生活と食に関する支援

　乳児期の発育は非常に著しいため、その発育に見合った栄養量を確保すること、さらに乳児の摂食機能の発達を理解し、発達にあわせた食事を提供することが重要です。

7.2.1　乳児期における摂食機能の発達と食生活

　乳児期は乳汁栄養を中心とした栄養補給から、生後 5、6 か月頃には離乳食を開始し、離乳に向かって進んでいきます。

　乳汁栄養を中心とした栄養補給には、母乳栄養あるいは人工栄養、母乳と人工乳を組み合わせた混合栄養があります。母乳は乳児の消化・吸収レベルにあった組成となっており、生後 5、6 か月頃までに必要な栄養素が含まれています。分娩後 4〜5 日頃までの乳は初乳と呼ばれ、感染防御因子が多く含まれ乳児の感染症予防に役立つため、積極的に飲ませることが勧められます。分娩後 10 日以降は成乳（成熟乳）となり、乳児のエネルギー源となる乳糖や脂質の量が増加していきます。人工栄養とは、母親の就業状況や母乳不足などにより乳児用調製粉乳を与えることをいいます。いわゆる育児用ミルクは、牛乳を改良して母乳の組成に近づけたものになっています。

　生後 2 か月頃までの乳児は、哺乳反射により乳汁を飲みやすいようになっており、口腔内に固形物が入ると舌で押し出す反射反応が見られます。生後 4, 5 か月頃から哺乳反射は消失していくことから、半固形物を摂取できるようになっていくため、哺乳反射の消失が離乳を開始する目安の 1 つにもなります。

　月齢が進むにつれて成長に必要な栄養量が増え、活動量も増大することで乳汁のみでは栄養量が不足するため、離乳食を開始して徐々に食事から栄養を摂取できるよう進めていきます。「授乳・離乳の支援ガイド（2019 年改定版）」（厚生労働省, 2019）では、離乳とは「母乳または育児用ミルク等の乳汁栄養から幼児食に移行する過程をいう。この間に乳児の摂食機能は、乳汁を吸うことから、食物を嚙みつぶして飲み込むことへと発達する。摂取する食品の量や種類が徐々に増え、献立や調

理の形態も変化していく。また、摂食行動は次第に自立へと向かっていく。」と述べられており、離乳食とはこの過程で与えられる食事を指します。離乳期には、歯の萌出や舌の動きなど各月齢の口腔内の状況にあわせて調理を工夫し食事を与える必要があります。

　離乳の開始とは、なめらかにすりつぶした食物を初めて与えた時をいいます。離乳を開始する発達状況の目安は、首がしっかりすわり寝返りができること、5秒以上座っていられること、食べ物に興味を示すこと、スプーンを口に入れた時に舌で押し出すことが少なくなること（哺乳反射の減弱）などが挙げられます。離乳の完了とは、形ある食物を噛みつぶすことができるようになり、エネルギーや栄養素の大部分が母乳または育児用ミルク以外の食物から摂れるようになった状態をいいます。離乳の完了が母乳または育児用ミルクを飲んでいない状態を指すのではないため、その言葉の意味に注意が必要です。

7.2.2 　🦋 乳児期の発達段階にあわせた食に関する支援

　離乳の進め方と摂食機能は密接に関連しており、その月齢の歯の萌出や舌の動きなど口腔内の状況を把握し、その摂食機能の発達状況にあわせた調理形態とすることでさらに摂食機能の発達が促進されます。また、様々な食品の形、味、におい、食感などを経験することで感覚器官や精神も発達していきます。授乳・離乳の支援ガイド（2019年改定版）における「離乳の進め方の目安」を参照しましょう（図7.1）。

【離乳初期（生後 5、6 か月頃）】

　離乳初期の離乳食の目的は、離乳食を飲み込むこと、その味や舌ざわりに慣れることであるため、1日1回1さじずつから始めていきます。母乳やミルクは欲しがるだけ与えます。最初は10倍がゆをなめらかにつぶしたものを与え、徐々に慣れてきたらすりつぶした野菜、つぶした豆腐、白身魚、固ゆでの卵黄を試してみます。

【離乳中期（生後 7、8 か月頃）】

　離乳中期では舌が前後に加えて上下に動くようになり、舌と上顎で食べ物をつぶすことができるようになるため、舌でつぶせる固さのものを与えて咀嚼の練習をさせます。1日2回食とし、おかゆなどの主食、野菜や果物、たんぱく質性食品を組み合わせた食事を心がけます。魚は白身魚から赤身魚、卵は卵黄から全卵に進めていきます。

	離乳の開始 ➡ 離乳の完了			
	以下に示す事項は、あくまでも目安であり、子どもの食欲や成長・発達の状況に応じて調整する。			
	離乳初期 生後5~6か月頃	離乳中期 生後7~8か月頃	離乳後期 生後9~11か月頃	離乳完了期 生後12~18か月頃
食べ方の目安	○子どもの様子をみながら1日1回1さじずつ始める。 ○母乳や育児用ミルクは飲みたいだけ与える。	○1日2回食で食事のリズムをつけていく。 ○いろいろな味や舌ざわりを楽しめるように食品の種類を増やしていく。	○食事リズムを大切に1日3回食に進めていく。 ○共食を通じて食の楽しい体験を積み重ねる。	○1日3回の食事リズムを大切に、生活リズムを整える。 ○手づかみ食べにより、自分で食べる楽しみを増やす。
調理形態	なめらかにすりつぶした状態	舌でつぶせる固さ	歯ぐきでつぶせる固さ	歯ぐきで噛める固さ
1回当たりの目安量				
I 穀類（g）	つぶしがゆから始める。すりつぶした野菜等も試してみる。 慣れてきたら、つぶした豆腐・白身魚・卵黄等を試してみる。	全がゆ50~80	全がゆ90~ 軟飯80	軟飯90~ ご飯80
II 野菜・果物（g）		20~30	30~40	40~50
III 魚（g）		10~15	15	15~20
又は肉（g）		10~15	15	15~20
又は豆腐（g）		30~40	45	50~55
又は卵（g）		卵黄1~ 全卵1/3	全卵1/2	全卵1/2~2/3
又は乳製品（g）		50~70	80	100
歯の萌出の目安		乳歯が生え始める。	1歳前後で前歯が8本生えそろう。	離乳完了期の後半頃に奥歯（第一乳臼歯）が生え始める。
摂食機能の目安	口を閉じて取り込みや飲み込みが出来るようになる。 	舌と上あごで潰していくことが出来るようになる。 	歯ぐきで潰すことが出来るようになる。 	歯を使うようになる。

※衛生面に十分に配慮して食べやすく調理したものを与える

図 7.1　離乳の進め方の目安
出典：厚生労働省（2019）授乳・離乳の支援ガイド（2019 年改定版）. 34.

【離乳後期（生後 9〜11 か月頃）】

　離乳後期は舌が前後・上下・左右に動くようになり、さらに奥歯の歯ぐきが発達し幅が広くなるため、舌で食べ物を歯ぐきへ動かしてつぶすことができるようになることから、歯ぐきでつぶせる固さのものを与えます。離乳後期になると、食事から多くの栄養量を摂取する必要があるため、1 日 3 回食となります。また、手づかみ食べが始まる重要な時期でもあります。手づかみ食べは目・手・口の協調運動であり、発育や発達に必要不可欠なものであるため、積極的に食べ物に触れさせる機会を作ることが大切です。

【離乳完了期（生後 12〜18 か月頃）】

　離乳完了期頃には前歯が 8 本生え揃うこと、奥歯（第一乳臼歯）も生え始めてくることから歯を使って食べるようになります。この時期は歯ぐきで噛める固さとします。大人と同じリズムで 1 日に 3 回の食事を摂り、その他に 1〜2 回の間食を取り入れます。

こんなとき、どうする？

　保育園に通園する子どもの保護者には、離乳食について不安や心配を抱いている方が多くいます。「母乳やミルクばかり飲みたがり離乳食を食べず、摂取量が足りているのか心配です」という悩みごとがある一方で、「食べ物を次々と欲しがって食べすぎていないか不安です」というような悩みごとまで様々です。保護者からこのような相談をされたら、どのようなことを確認し、どのように声がけをしたらよいでしょうか。　　　▶

7.3　幼児期における食生活と食に関する支援

　幼児期は乳児期と比較して発育は緩やかにはなりますが、成長に必要な栄養量をしっかりと摂取する必要があります。また、離乳を完了した幼児期においても、歯が生え揃っていない時期は摂食機能に配慮した食事の提供が望まれます。

7.3.1 🦋 幼児期における摂食機能の発達と食生活

　乳児期に続いて、幼児期においても摂食機能の発達をきちんと理解し、口腔内の状況と咀嚼機能の発達にあわせた調理形態で食事を提供する必要があります。生後8か月頃から下の前歯が生え始め、1歳頃には上下の前歯が8本生え揃います。この頃に前歯を使って食べ物を噛み取ることを覚えます。1歳半頃に上下の奥歯（第一乳臼歯）が生え、奥歯で噛みつぶすようになります。ただし、第一乳臼歯と第二乳臼歯が生え揃うのが3歳頃であるため、その時期に食べ物をしっかりと噛み、すりつぶすことができるようになり、咀嚼機能が完成します。

　幼児期は発育が旺盛であること、活動量が多いことから、体重1kgあたりのエネルギーや栄養素の必要量が成人と比べて高いため、その成長に見合った栄養量を確保することが大切です。しかし、幼児はまだ体も小さく、胃の容量も小さく消化機能も未熟であるため、一度に多くの食事からの栄養を摂取することが困難です。そのため、1日3回の食事に加えて、1～2回の間食を取り入れ、1日に必要な栄養量を摂取します。いわば間食は第4の食事の意味を有します。そのため、大人が考える間食と同意義にならないよう、幼児期における間食の意義をしっかりと理解することが重要です。間食の内容は甘食とならないように留意し、3回の食事では摂取しきれないエネルギーや栄養素を補給できるよう、穀類やいも類、牛乳・乳製品、卵などのたんぱく質性食品、野菜や果物を取り入れます。さらに、間食は栄養学的な意義だけではなく、楽しい雰囲気で食事のマナーを学ぶ機会になるため教育的意義も含み、リラックスした状態で大人や友達とコミュニケーションを取りながら食べるなど精神的な発達にもよい影響を与えるものです。間食は1日のエネルギー摂取量の10～20％が望ましく、1～2歳児は午前と午後の2回、3～5歳児は午後1回が目安です。時間を決めて間食を与えることで、正しい食習慣の確立にもつながります。

　この時期の食生活の問題点の代表として、偏食があります。偏食は、ある食品に対して好き嫌いをすることを指し、嫌いなものを食べないという意味と嫌いなものを食べずに好きなものしか食べないという意味も含みます。嫌いな理由には、硬くて食べにくい、味が嫌い、見た目が嫌いなど様々な理由が考えられます。硬い場合はその子の摂食機能にあった調理方法・調理形態とし、味の場合は味つけを変えてみるなど調味を工夫し、見た目の場合は切り方や盛り付けを変えて工夫を行うとよいでしょう。この時期では嫌いな食品は変化していくため、嫌いなものを全く食べさせないのではなく、調理や調味など工夫して提供してみたり、少し時期が空いたら食卓に出してみるなど、食べるチャンスを幾度か与えることも大切です。無理強いすると食事に恐怖心を抱く可能性があるため、嫌がる時はすぐに片づけ、その食

品と栄養素が同様に含まれている他の食品を与えるとよいでしょう。また、大人がおいしそうに食べていると、同じものを食べてみたいという気持ちにもつながるため、そのような姿を見せ、ポジティブな声かけをするとよいでしょう。

7.3.2 🦋 幼児期の発達段階にあわせた食に関する支援

　3歳頃、奥歯の第一乳臼歯、第二乳臼歯が上下生え揃うため、食物をしっかりと噛みつぶすことができるようになります。奥歯が生え揃う前に硬い食べ物を与えてしまうと噛むことができず、噛まないで飲み込む丸のみや早食い、口に溜めてしまう原因になります。歯が生え揃う3歳頃までに食べづらい食品としては、ペラペラして口に残りやすい葉物野菜や海藻類、硬く弾力のある塊の肉やえび、いかなどがあり、これらを与える際は幼児が食べやすいように調理を工夫する必要があります。

　また、特に咀嚼機能が完成するまでの時期は窒息事故の予防に努めましょう。ミニトマトやうずらの卵、ぶどうなど小さい球状の形状は吸い込みによって気道をふさぐことがあり、餅や白玉団子は粘着性が高く窒息を起こしやすいです。食べやすい大きさにするなど提供の仕方を工夫したり、大人が子どもの側で見守りながらよく噛むよう促したり、食べることに集中できる環境を整えたりして窒息事故を予防することが望ましいです。

　さらに、各年齢の発達段階にあわせた食事における支援も重要です。1歳頃は手づかみ食べが中心ですが、2歳頃からスプーンを上握りに持って食べられるようになり（図7.2）、3歳頃には上手にスプーンを使って食べることができます。4歳頃からは、箸を使って食べるようになりますが、個人差も大きいため、その子の発達段階にあった支援が望まれます。「自分で食べたい」という気持ちを育むために食事の場が楽しい、食事がおいしいという気持ちをもたせてあげられるよう支援を行いましょう。

図 7.2　2歳児の食事の様子

こんなとき、どうする？

　幼児期では偏食だけでなく食べ方に関して様々な問題が生じます。よく噛まず、早食いになってしまう子どもに対し、具体的にどのような声かけをして支援をして

いくべきか、考えてみましょう。　　　　　　　　　　　　　　　　　　　▷

7.4　食物アレルギーのある子どもへの対応

　わが国において、食物アレルギーの有症率は乳児が約 10 ％と最も高く、幼児期、学童期と年齢が上がるにつれて徐々に有症率は減少していきます。保育者は食物アレルギーについてよく理解し、乳幼児の誤食が起きないよう保護者や関係職員と密に連携を取り対策・支援をすることが求められます。

7.4.1　🦋 食物アレルギーとは

　食物アレルギーは「食物によって引き起こされる抗原特異的な免疫学的機序を介して生体にとって不利益な症状が惹起される現象」と定義されます。その原因としては、乳幼児期では特に消化・吸収機能が未熟であることから、食品中のたんぱく質が消化されず高分子のまま消化管から吸収され、それが抗原（アレルゲン）となってアレルギーの症状が出ることが考えられています。

食物アレルギーの種類と症状

　食物アレルギーは症状によりいくつかの病型に分類され、特に栄養指導が求められるのは、食物アレルギーの関与する乳児アトピー性皮膚炎と、最も典型的な病型である即時型症状です。食物アレルギーの関与するアトピー性皮膚炎は、食物アレルギーの初発症状として最も頻度が高く、多くは母乳中の抗原により発症します。原因食物を摂取した後 2 時間以内に症状が現れる即時型反応において、乳幼児期の原因食物としては鶏卵、牛乳、小麦が多いですが、一般的には小学校入学までにほぼ耐性を獲得し寛解します。一方で、学童から成人にかけて新たに発症する原因食物には木の実類や魚卵、甲殻類などがあり、これらは耐性獲得の可能性は乳児発症に比べて低いです。また、食物依存性運動誘発アナフィラキシーでは特定の原因食物の摂取後に激しい運動をすることによってアナフィラキシーが起こり、口腔アレルギー症候群では果物や野菜が原因となって口腔・咽頭のかゆみなど口腔内の症状が引き起こされます。

　食物アレルギーの症状は、皮膚症状、粘膜症状、消化器症状、呼吸器症状、神経症状、循環器症状などが出現します。重篤な全身性の過敏反応はアナフィラキシーといい、通常急速に発現し、死に至ることもあります。

食物アレルギーの栄養食事指導

　食物アレルギーの管理・治療の原則としては、正しい診断に基づいた必要最小限の原因食物の除去です。必要最小限の除去とは、食べると症状が誘発される食物だけを除去すること、原因食物でも症状が誘発されない範囲までは食べることができることを指します。保護者の心配や不安から必要以上に除去する食べ物の範囲を広げることはせず、症状が誘発されない範囲（食べられる範囲）は食物経口負荷試験の結果に基づき医師が判断します。食物経口負荷試験とは、原因食物の確定診断、安全に摂取できる量の決定または耐性獲得の診断のために行うもので、アレルギーの原因として疑われる食品を単回または複数回に分割して摂取させ、症状の有無を確認する検査です。少量の摂取で症状が出た場合はその食物の完全除去を行い、症状が出ない場合は少量までの摂取を指導します。中等量や日常摂取量で症状が出た場合は、負荷量と症状の程度を加味して食べられる範囲を指導します。

　特に乳幼児期から学童期にかけては、その発育量にあった栄養量の摂取が重要であるため、保護者が自主的な除去などを行うと成長を阻害してしまう可能性もあります。健やかな成長のためにも、医師の指示に基づき食事療法を行うことや適切な代替食の用い方を理解してもらうことが重要です。

7.4.2 🦋 保育施設における食物アレルギーへの対応

　保育施設における誤食事故の原因としては「誤配膳」「他の園児の食物を食べた」「原材料の見落とし」があるため、このようなことが起きないよう、各保育施設において、保育者が子どもの様子をしっかりと把握し保護者や職員と情報共有しながら、事故を予防できる対応を考える必要があります。

　「保育所におけるアレルギー対応ガイドライン」（厚生労働省，2019）では、保育園におけるアレルギーを有する子どもへの対応の基本が示されています。保育園におけるアレルギーを有する子どもへの対応の基本原則は、「①全職員を含めた関係者の共通理解の下で、組織的に対応する②医師の診断指示に基づき、保護者と連携し、適切に対応する③地域の専門的な支援、関係機関との連携の下で対応の充実を図る④食物アレルギー対応において安心・安全の確保を優先する」ことが示されています。保育園において、食物アレルギーを有する子どもへの食事の提供にあたっては、原因食品の完全除去が基本とされています。もちろん家庭においては、食物アレルギーの栄養食事指導でも述べたように、症状が誘起されない範囲までを食べることが推奨されていますが、集団給食の場において個々に対応することは、調理や配膳が煩雑になり、誤食の発生にもつながるため完全除去を適用します。

保育園での給食提供時には、通常の食事と食物アレルギー対応の食事の食器やトレイを明確に違うものに分けるなどの対応（図 7.3）や、食事内容を記載した配膳カードを作成し、調理、配膳、提供までの段階でトリプルチェック体制を採るなど、職員間での連携が非常に重要になります。

幼稚園や学校においては、「学校のアレルギー疾患に対する取組ガイドライン（令和元年度改訂）」（日本学校保健会，2020）や「学校給食における食物アレルギー対応指針」（文部科学省，2015）に基づいて対応します。

図 7.3　通常の給食提供時（上）及び食物アレルギー対応の給食提供時（下）の食器・トレイ[2]

食物アレルギーのある子どもの保護者との連携

食物アレルギーのある子どもへの対応としては、医療機関と連携して、給食時の対応やアナフィラキシー発生時の対応を事前に決めておく必要があります。その際、医師が記入する「アレルギー疾患生活管理指導票」（「保育所におけるアレルギー対応ガイドライン」を参照）の内容に基づきながら、保護者から子どもが普段家庭内においてどのようなものを食べているか、どのような症状が出ているかなどを面談によって聞き取り、施設内の職員と共通理解をもつことが重要とされます。乳幼児期は徐々に食べられるものも増えていくため、1 年に 1 回は生活管理指導票を確認し、見直しを行っていきます。

アナフィラキシー発症への対応

アナフィラキシーショックなど緊急性の高い重篤な発症が見られた場合については、救急車を要請すると同時にエピペン（アドレナリン自己注射薬）の使用が求められます（図 7.4）。もし事故が起きた際、症状が出てから、あるいは誤食してから保護者と連絡を取り合っていては対応が遅れ間に合わないこともあります。そのため、緊急時対応表を作成することで、エピペン、内服薬の預かりの有無、医療機関ならびに保護者の緊急連絡先などをまとめておき、施設と保育者間で緊急時の体制

---

[2] 食物アレルギー対応の給食提供時では、トレイの色を変え、アレルゲンとなる食品名のラベル及びその食事を提供する子の氏名のラベルを貼り、原因食品を除去した料理は通常と異なる柄の食器に盛り付けるなどしている（一例）。

を協議しておくことが非常に重要です。また、エピペンは体重 15 kg 以上で処方が可能であり、自己注射薬ですが幼児の場合では本人がエピペンを投与することは難しいため、保育者が速やかに投与しなければなりません。

エピペンの使用方法を知っておくことや、施設内でのエピペンの保管場所を共有しておくことも重要です。また、アレルギーに関する事故が生じた場合は、事故発生時刻、発生状況、子どもの症状、対応について経過記録を作成することで自治体や関係機関への報告となり、再発防止の貴重な資料となります。

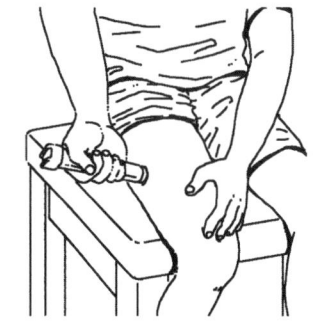

図 7.4　エピペンの使用について

こんなとき、どうする？

給食提供時に、食物アレルギーを有する子への誤食事故を起こさないためにどのような工夫を行う必要があるか、さらに子どもたちに食物アレルギーについて理解してもらうために支援すべきことを考えてみましょう。　　

保育の道しるべ　　

筆者が勤務する園の園庭には小さな畑があります。ボランティアの保護者の方々にお手伝いいただきながら、子どもたちと一緒に畑作りを行いました。子どもたちと何を植えるか相談し、季節にあった野菜を調べて苗を買い、植えていきます。今は季節に関係なくいろいろな野菜や果物が手に入るので、季節にあった野菜を知ったり、野菜の花の色と野菜の色が、ナスのように同じ野菜もあれば、キュウリのように違う野菜もあることを知ったり、土の上にできる野菜や、土の下にできる野菜を知ったり、自分たちが実際に野菜のお世話をしながら育てていくことで、いろいろな気づきがあります。

水やりは各クラスのお当番が交代で行いますが、クラスで集まった時には、畑の野菜の様子や小さな気づきをクラスの友達に伝えてくれます。実際に収穫する頃には、まずは生で食べてみると「あまい！」「おいしい！」という声が聞かれます。野菜嫌いな子どもも友

達と一緒に食べることで、「自分も食べてみようかな〜？」という気持ちになり、実際に食べてみると思ったより美味しかったり、食べられた自分が誇らしくなったり、「先生！ 食べられたよ！」「幼稚園の野菜は美味しいな〜！」など、驚くような声が聞かれます。その後、保護者の方からも「家でも少しずつ野菜を食べられるようになりました」というお話をうかがうこともありました。すべての子どもの好き嫌いがなくなったり、嫌いな食べ物を克服して食べられるようになったりするわけではありませんが、自分たちで苗から大切に育てたり、生長する様子を見てきたりすることで愛着が湧くのではないかと思われます。

　また、園では週に4日お弁当を持参していただくのですが、3歳児の最初のお弁当では、子どもの好きなものを食べられる分量で入れていただいています。まずは、友達や保育者と一緒に食べることが楽しい経験になってほしいからです。発達年齢にあわせて少しずつ苦手な食材も入れてみたり、顎の発達が促せるように咀嚼の回数が増えるような硬さや大きさのものにしてみたり、保護者の方にも工夫していただいています。

　近年では、SDGs の試みとして畑の横にコンポストを設置し、園庭の落ち葉を使って畑用の堆肥作りを行っています。また、保護者の方々に対しては、筆者が勤務する大学の食物系学科の先生による食育に関する講演会や調理実習も行っていただいています。　　　🌱

考えてみよう！

✎ 3歳以上児に対して食育の5項目について1つずつテーマを考え、それぞれどのような教育的な工夫が必要かまとめてみましょう。

✎ 離乳期・幼児期における食事と摂食機能の発達との関連についてまとめ、さらにその時期の食事が精神的・社会的な発達に与える影響について考えてみましょう。

✎ 食物アレルギーのある子どもに対する配慮として、食品、栄養、心理面から必要な点をまとめましょう。

❀ 引用・参考文献 ❀

飯塚美和子(編著)他（2023）最新子どもの食と栄養 食生活の基礎を築くために. 学建書院

厚生労働科学研究班（2022）食物アレルギーの栄養食事指導の手引き 2022. 免疫アレルギー疾患政策研究事業. https://wdallergy.jp/wp-content/themes/foodallergy/pdf/nutritionalmanual2022.pdf （情報取得 2024/12/5）

厚生労働省（2017）保育所保育指針. フレーベル館

厚生労働省（2004）楽しく食べる子どもに〜保育所における食育に関する指針〜. https://www.mhlw.go.jp/stf/shingi/2r9852000001j4t2-att/2r9852000001j4za.pdf （情報取得 2024/12/5）

厚生労働省（2019）授乳・離乳の支援ガイド（2019 年改定版）. https://www.mhlw.go.jp/stf/newpage_04250.html （情報取得 2024/12/5）

厚生労働省（2019）保育所におけるアレルギー対応ガイドライン（2019 年改訂版）

文部科学省（2017）幼稚園教育要領. フレーベル館

文部科学省（2015）学校給食における食物アレルギー対応指針. https://www.mext.go.jp/component/a_menu/education/detail/__icsFiles/afieldfile/2015/03/26/1355518_1.pdf（情報取得 2024/12/5）

森脇千夏・緒方美津子(著)他（2021）イラスト子どもの食と栄養. 東京教学社

内閣府・文部科学省・厚生労働省（2017）幼保連携型認定こども園教育・保育要領. フレーベル館

日本アレルギー学会（2022）アナフィラキシーガイドライン. https://www.jsaweb.jp/uploads/files/Web_AnaGL_2023_0301.pdf（情報取得 2024/12/5）

日本学校保健会(編)（2020）学校のアレルギー疾患に対する取組ガイドライン（令和元年度改訂）. 日本学校保健会

農林水産省（2021）第 4 次食育推進基本計画

堤ちはる・土井正子(編著)他（2016）子育て・子育ちを支援する 子どもの食と栄養. 萌文書林

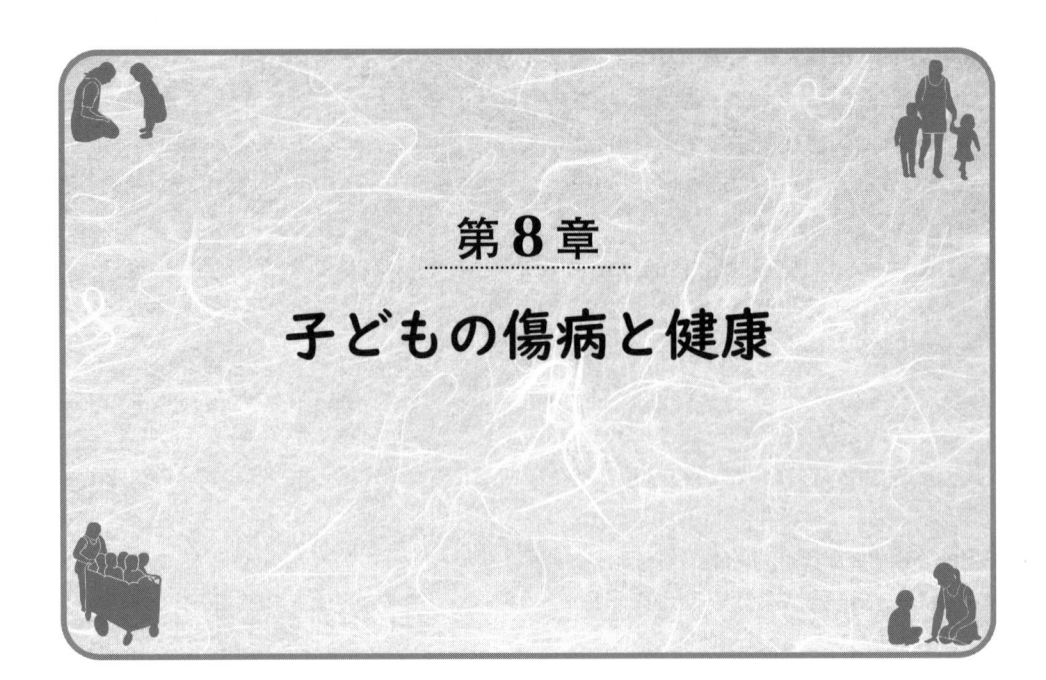

第8章

子どもの傷病と健康

この章で学ぶこと

❁ 保育施設における子どもの健康管理について、定期健康診断の重要性を含めて
理解します。

❁ 子どもに多い感染症について、その特徴と予防の方法を理解します。

❁ 子どもに多い外傷について、その特徴と対応について理解します。

❁ 発達障害について、その概要を理解します。

この章では、子どもの健康を病気やけがの側面から見ていきましょう。特に、子どもの健康管理、子どもに多い病気や外傷、感染症について、その特徴と予防を理解しましょう。また、最近保育の現場で問題となっている発達障害についても述べます。

8.1 保育施設における子どもの健康管理

保育施設における子どもの健康管理は、子どもたちの安全と幸福を確保するために極めて重要です。

子どもの健康管理は、感染症の予防や身体的な安全だけでなく、心理的な健康に

も関連しています。保育者は、子どもたちの健康状態を常にモニタリングし、適切なケアを提供する役割を果たす必要があります。

　ここでは、定期健康診断の意義と実施を中心に述べていきます。

8.1.1 🦋 健康診断の重要性

　幼稚園、保育所では、子どもの健康状態や疾病の把握のために健康診断を定期的に行うことが、学校保健安全法によって義務づけられています。その結果を記録して保護者と共有し、子どもたちの健康をみんなで管理していきます。結果によって時には、地域の保健所や医療機関と連携することもあります。

　保育施設には、法令によって学校医ないしは嘱託医を置くこととなっていますので、常に協力して施設での保健行事を遂行する必要があります。

●定期健康診断

　保育所など児童福祉施設では、年2回の定期健康診断が関係法令によって義務づけられています。また、幼稚園、子ども園では、春と秋に内科健診が広く行われています。特に保育所では、保育時間が長く年少児も多いことから、さらに間隔を密にして嘱託医による健診を行っている施設も多くあります。

　健診は施行しただけではだめで、必ず結果を保護者にフィードバックし、必要であれば医療機関への受診を勧めることが、疾病の早期治療や予防につながりますので大変重要です。

●歯科検診

　歯科検診は年1回以上実施し、その結果を記録し保護者に共有します。う歯（虫歯）の罹患率は近年減少傾向ではありますが、いまだ他の全身疾患よりは多く見られます。歯や歯茎の健康は、長い人生のクオリティに大きく関わるものですので、う歯の指摘があった場合は、速やかに歯科受診を指示し適切な処置をとるようにします。また、歯磨き指導や口腔内を清潔に保つためのうがい、う歯を作りにくい食生活などう歯予防のための細かく継続的な指導が大切です。

●保護者との面談

　保護者との面談では、施設では観察することのできない自宅での様子を知るよい機会です。食生活や運動、言葉の発出状況などを確認しましょう。施設での様子と乖離がある場合は、子どもの身体的、精神的な問題はさることながら、家庭の問題が潜んでいることもありますので、慎重な対応が必要です。状況によっては児童福祉の専門家につなぐ必要があるかもしれません。1人で悩まず、経験のある保育者

や看護師、学校医や嘱託医と相談しましょう。

こんなとき、どうする?

　入園児健診で極端に身長と体重が小さい子どもがいました。この状態をどのように評価して、保育者としてどのように対処したらいいでしょうか。考えてみましょう。　▷

8.2　子どもの病気・外傷

　子どもは、単純にボディサイズが小さいだけの大人のミニチュアではありません。子どもは大人に向けて発達の途上にあります。いわゆるその「未熟性」のため、大人とはかかりやすい病気、起きやすい外傷が異なります。この章では、その代表的な疾患と外傷について学びます。

8.2.1 　🦋 子どもは発熱しやすい

　子どもの体温調節機能は、大人に比べると未熟で不安定です。そのため、環境温の影響を受けやすく、容易に熱中症や低体温症をきたしますので注意が必要です。その理由として、皮膚が薄い、体内の水分量が多い、体格に比べ頭部の占める体表面積の割合が大きいなどの理由があります。また、免疫機能の未熟性から感染症にかかりやすいため、大人より発熱しやすく、しかも高熱になりやすい特徴があります。そのため、脱水症にならないように、発熱時の水分補給は十分にする必要があります。

8.2.2 　🦋 子どもの病状は急変しやすい

　子どもは身体が小さく体力的にも予備力が少ないため、病気が急速に悪化するので注意が必要です。軽症の病気は短時間で回復する反面、重篤な病気では急速に悪化します。軽症と思われても、決して甘く見ず、おかしいなと感じたら、遅滞なく医療機関を受診させることが大事です。

8.2.3 　🦋 子どもは予防策の理解が難しい

　乳幼児期の子どもにとって、数々の疾患や外傷の予防策の意味を理解することは難しいことです。感染症に対する手洗いやマスク着用、隔離や事故予防のための立

ち入り禁止区域の設定や危険な器具の使用法など、もちろん子どもであれ丁寧に説明することは大変大事なことですが、子どもの理解が不足している前提においても、十分な効果が上がるような対策を保育者は常に考えなければなりません。

8.2.4 🦋 子どもは風邪（急性上気道炎、ウィルス性胃腸炎）にかかりやすい

子どもはウィルス感染症である風邪（急性上気道炎、ウィルス性胃腸炎）にとてもかかりやすく、子どもが発熱したほとんどの場合は風邪の一症状といっていいほどです。おおむね4〜5日の経過で回復することが多いですが、施設での集団感染はできる限り避ける努力が必要です。特に、冬場に流行するウィルス性胃腸炎は非常に感染力が強く、乳児では脱水症で重症になりやすく、時には入院による治療が必要になることもあります。

8.2.5 🦋 子どもと感染症

子どもの病気の代表格はなんといっても感染症でしょう。大人に比べ、まだ生まれてから間もなく伸び盛りの子どもは、身体的にも精神的にも発達の途中で臓器の老化に関連する病気（生活習慣病やがんなど）は少ない時期ですが、逆にその免疫の未熟性から容易に感染症にかかります。

感染症の主な病原体は、細菌とウィルスです。子どもでは、そのほとんどがウィルスによる感染症です。いわゆる「風邪」も、ウィルス感染症です。ウィルスは細菌とは構造が違うため、細菌感染のための抗菌薬（抗生物質）は無効なので注意が必要です。

8.2.6 🦋 細菌感染症

近年、細菌感染症は、予防接種と世の中が清潔になったことにより少なくなりました。とはいえ、子どもの代表的な細菌感染症は押さえておくべきです。細菌感染症は適切に診断し抗菌薬で治療すれば軽症で治癒するものが多いので、その特徴を押さえ早期発見に努めることは非常に大切です。

●百日咳

7〜10日の潜伏期間の後、前駆期（1〜2週）、特徴的な咳がある痙咳期（4〜6週）。回復期（4〜6週）を経て治癒します。新生児や乳児期に罹患すると、その呼吸予備力のなさから重篤化し、死亡することもあります。予防接種で生後2か月から予防できます。

●溶連菌（溶血性レンサ球菌）感染症

　集団保育施設では流行しやすいため、重要な感染症です。潜伏期間はおおむね3日前後ですが、感染が成立する部位によって、膿痂疹（とびひ）、扁桃炎、中耳炎、全身感染症である猩紅熱など、様々な症状をきたします。ペニシリン系抗菌剤によるしっかりとした治療が重要です。治療が中途半端だと、のちに腎炎や心筋炎を起こすこともありますので注意が必要です。

8.2.7 　🦋 ウィルス感染症

　多くの代表的なウィルス感染症が予防接種で予防できるようになり、保育の現場で出会うことは少なくなっている疾患もあります。

●麻疹

　麻疹に対する免疫がない場合、感染者と同じ部屋にいるだけで感染（空気感染）します。潜伏期は7〜10日で、3日間ほどの発熱、鼻水、咳などの風邪症状に続いて、口腔内にコプリック斑が現れ、その後全身に発疹が出ます。非常に重篤です。肺炎や脳炎を合併すると死に至ることもあります。治療薬はありません。予防接種で予防可能です。

●水痘（水ぼうそう）

　水痘も空気感染するウィルスで、現在でもしばしば施設で流行があります。潜伏期は14〜21日で紅斑から小丘疹、水疱となり、最後に痂疲化します。水疱はかゆみが強いのが特徴で、口腔内や頭皮にも見られます。すべての発疹が痂疲化すれば登園は可能になりますが、発症からおおむねまる1週間はかかります。予防接種で予防可能です。抗ウィルス薬の経口薬の治療が一般的になってきました。

●手足口病

　夏風邪グループの一種です。潜伏期間は2〜7日で、手のひら、足の裏、口の中に小水疱が出ます。発熱することもありますが、全体に軽症です。口腔内の水疱が痛む場合、一時的に食欲が落ちることもありますが、水疱の治癒と共にもとに戻ります。予防接種はなく、治療は対症療法になります。

●ヘルパンギーナ

　夏風邪グループの一種です。潜伏期間は2〜4日で、高熱とのどの奥に小水疱ができます。飲み込む時の痛みがとても強いため、一時的に食欲が極端に落ちることもありますが、解熱と共に軽快します。高熱のため、熱性けいれんの原因にもなります。予防接種はなく、治療は対症療法になります。

●流行性耳下腺炎（おたふく風邪）

耳下腺という耳の下にある唾液腺が腫れるため、お多福の顔のようになることからこの名前がついていますが、両側がしっかりと腫れることはあまり多くありません。発熱がない場合もあります。潜伏期間は14〜21日です。おおむね1週間前後で回復しますが、無菌性髄膜炎や、青年男子で精巣上体炎を引き起こし、後の男性不妊の原因になることもあります。予防接種がありますが、現在のところ任意接種です。治療薬はありません。

8.2.8 🐝 感染症の予防策

●手洗いの重要性

子どもで問題になる感染症の大部分は、ウィルスや細菌による接触感染あるいは飛沫感染によって起こります。その際の感染経路として一番多いのは、手や指についた病原体により経口的に感染するケースです。この予防策として、最も簡単で効果的なのが手洗いです。特に流水による手洗いの効果は高く、多くの病原体の侵入をこの処置で防ぐことが可能です。アルコール基剤による手指消毒液でのすり込み消毒も有効であり、特に水回りのない場所では便利です。積極的に利用しましょう。

子どもたちにこれらの手技を教えるのは難しいものです。たとえ乳幼児であっても、面倒がらずになぜ手洗いをしなければいけないのか、どうやってすると最も効果的なのかをきちんと説明しながら教えることで教育効果が上がります。子どもたちは自分たちの先生の言うことをきちんと聞いているものです。

●環境の清潔と換気

元気な子どもの場合、基礎的な免疫力は備わっているため、特に日本においては極端に環境の清潔に気をつける必要はありません。しかし、保育環境に病原体の増殖する原因になるような状況がないかどうかは常に監視します。例としては、夏場の食品、生ごみ、施設内の植物、飼育動物などです。また、感染症の流行がある場合は、同時に接触、飛沫感染に関する対策として、こまめに換気をする、口に入れるおもちゃは消毒するなども必要になります。部屋の換気をする場合は、可能な限り対角線上の2か所に通気路を設定することで、格段に喚起効率が上がります。

●感染症情報の共有

集団保育では、夏風邪ウィルスの流行する夏やインフルエンザウィルスの流行する冬には、集団感染が起こってしまうことが多くあります。これは、まだ人生経験が少なく、身体の中の免疫システムが未熟な子どもでは仕方のないことでもあります。しかし、感染症の流行は最小限に抑えようとするみんなの努力が、感染症の重

症化や重篤な 2 次感染を防ぎます。

　そのためには、みんなが現在の感染症の流行状況に関する情報を共有する必要がありますので、職員同士はもちろんのこと、学校医や嘱託医からも積極的に情報を収集しましょう。

●保護者とのコミュニケーション

　保護者とは、普段から子どもの状態についてお互いに情報を共有できるような関係を築いておいてください。それによって、ちょっとした体調の変化や家族内での感染症の発生などの情報をいち早く察知できます。また、保護者の方も同じく感染症の流行状況やクラスの欠席情報などのリアルタイムの情報を欲しがっていますので、積極的に共有してください。このコミュニケーションが感染症の早期診断と早期の対策にもっとも大きな力になります。

8.2.9　🦋 学校感染症と出席停止期間

　学校保健安全法によって、子どもの集団生活の場である学校での感染予防対策の基本が示されています。感染症に罹患した子どもが学校に出席し続けることにより、他の子どもへのさらなる感染をきたします。この法律には、その感染のチェーンを断ち切るために出席停止の目安が示されています。

　保育所は児童福祉施設のため、厳密には学校保健安全法の管轄外ですが、同法に準じた管理がされてきました。しかし、保育園児は学童に比べ年少であり、現在では、こども家庭庁による「保育所における感染症対策ガイドライン」が広く使用されています。

8.2.10　🦋 予防接種の目的

　予防接種とは、細菌やウィルスによる各種の感染症に免疫をもたない者（子どもに限りません）にワクチンを接種することにより免疫を与えることです。ワクチンによる免疫を獲得することで、その感染症にはかからなくなったり、かかっても軽く済むといった利点が得られます。また予防接種には、集団の全員がワクチンによる免疫を獲得することによって、その感染症をその集団の外側に追いやる（集団免疫）という重要な役割がありますので、決められたワクチンは必ず接種するように指導しなければなりません。

8.2.11　🦋 子どもの予防接種スケジュール

　現在、日本でワクチンによって予防できる感染症は複数ありますが、まだまだ予防すべき重篤な感染症が残されており、現在でも様々なワクチンが開発途上にあり

ます。そのため、子どもの予防接種スケジュールは随時に見直されており、最適な接種間隔、接種時期についての検討が行われています。予防接種スケジュールについては、厚生労働省（https://www.mhlw.go.jp/index.html）や日本小児科学会（https://www.jpeds.or.jp）のホームページで常に最新の情報を確認するようにしてください。

8.2.12 　❀ 子どもの外傷は打撲と擦り傷が多い

　子どもで多い外傷は打撲（打ち身）と擦過傷（擦り傷）です。元気に遊ぶ子どもでは頻繁に見られる外傷でそのほとんどは軽症で心配ありませんが、重症の外傷は注意しなければなりません。たとえば、子どもたち同士のけんかでも、素手ではなく物を持って叩いたりすれば、当然重症の外傷につながることもありますし、フロアの床の上のはさみや文房具、角張った積み木なども転倒時の大けがのもとになります。「危険物になりうるモノ」の整理整頓を常に心がけましょう。

　打撲は、その場所を冷やすのが基本です。時間をおいて腫れが悪化してくるようなら医療機関を受診させます。また、擦過傷のうち出血が少ないものは、流水で洗浄後に清潔な絆創膏で処置します。出血が多い、または止まらないものは医療機関を受診させます。

　子どもは運動機能が未熟な上に、重量物である頭部の割合が大きいため、転倒しやすい特徴があります。そのため、特に肘部、膝部の擦過傷が多くなります。その多くは心配ありませんが、創部に黄色ブドウ球菌などで2次感染を起こしてしまうと、膿痂疹となり回復が長引きます。汚い手で触らないなど基本的な指導をすると同時に、子どもの年齢によっては袖の長い服を着せるなど「触れない」工夫をすることも必要です。

　他に保育時に起こりやすいものに虫刺されがあります。蚊、アブ、蜂などが代表的なものですが、春と秋に発生するチャドクガの幼虫（毛虫）の毛も虫刺されの一種です。虫刺されは、虫の注入する毒液や毛によるアレルギーが症状の中心ですが、刺された虫によって対処が変わります。もっとも一般的なのは蚊によるものですが、ほとんどは軽症で自然経過でよくなりますので心配ありません。しかし、人によっては強い症状（大きな腫れや強いかゆみ）が出る場合もあります。その際は、ステロイド外用剤や抗ヒスタミン薬内服など、積極的なアレルギーの治療が必要になることもありますので、医療機関を受診させるようにしましょう。

8.2.13 　✿ 捻挫、骨折は？

　捻挫と骨折は、強い力が骨格系や筋肉にかかることにより生じます。捻挫は関節の可動域を超えることで、骨折は骨が外力に耐えられないことで起こることが多いです。いずれも痛みが強く、長く続くことが特徴です。

　捻挫の場合、関節部分が大きく赤く腫れる、指や手足を動かすことができない、痛みが強く泣き止まない時などに疑います。痛みの少

図 8.1　捻挫の応急処置

ない状態で動かさないようにし、創部の圧迫と冷却を行いながら、身体の中心部より高い位置に保つようにします。

　手足が不自然な方向に曲がっている、キズから骨が見える時などは骨折を疑います。その際は、痛みの少ない姿勢で創部を動かさないようにして、速やかに医療機関を受診させてください。けがを悪化させる危険もありますので、安易に添え木などの固定はしないほうが無難です。

8.2.14 　✿ 鼻血は慌てないこと

　鼻出血（鼻血）は子どもに多く、本人も保育者もびっくりしてしまいがちですが、ほとんどの場合、出血元は鼻中隔にある細い毛細血管で、出血量も少なく、短時間で止血します。鼻出血の際は、鼻根部を強く押さえて、首を下に向けた状態でしばらく待ち、清潔なティッシュペーパーを軽く詰めておきます。その後も出血が止まらない場合は、医療機関（耳鼻科）を受診させましょう。

図 8.2　鼻血の応急処置

8.2.15 　✿ 熱傷は絶対にだめ！

　やけど（熱傷）は、子ども自身にも養育者にも、物理的にも心理的にも大きな傷を残しますので絶対に避けなければなりません。そのためにも、ストーブやコンロのガード、電気ポットのコード回しなど細かいところまで常日頃から注意しておきましょう。不幸にも熱傷が起こってしまった場合、できるだけ速やかに熱傷部位を冷やします。着衣の上からお湯をかぶった場合などは、衣服の上から流水で冷却するようにします。深い熱傷の場合、無理に衣服を脱がそうとすると衣服と共に皮膚

損傷をきたすことにもなるからです。また、熱傷は痛みも非常に強いため、子どもはパニックになりますので、心理的に安心させる声がけや手立て（好きな絵本や動画を見せるなど）を絶やさないようにしましょう。そして、速やかに医療機関を受診させましょう。

8.2.16 🦋 熱中症

このところの夏は暑い日が多くなり、熱中症になりやすい子どもは注意が必要です。熱中症を疑ったら、まず風通しのよい日陰、エアコンの効いた室内など、涼しい場所に移動し、身体を冷やす努力をします。そして楽な姿勢を取らせ、水分補給をしてください。その際は、一口ずつ頻回に与えてくださ

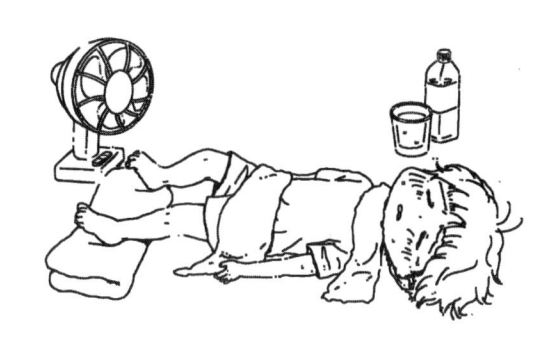

図 8.3 熱中症の応急処置

い。経口補水液があれば最適です。口から飲めないぐらいに弱っていたり、意識がはっきりしない時は、直ちに救急車で医療機関を受診させます。

8.2.17 🦋 子どもは異物誤飲、誤嚥をしやすい

子どもは嚥下機能が未熟なため、異物の誤飲や誤嚥をきたしやすいので注意が必要です。何でも口に入れる生後9か月ぐらいから事故が増加し、500円玉大のものであれば、何でも原因になり得ます。特にボタン電池は食道内に留まると粘膜の熱傷をきたし大変危険です。

図 8.4 小学生以上の異物除去法

図 8.5 乳児の異物除去法

子どもが突然呼吸困難を訴えた時は、まず誤嚥を疑います。小さい子どもなら背部叩打法、小学生以上なら腹部突き上げ（ハイムリック）法で異物除去を試み、その後医療機関を受診させます。誤飲の場合は、原則として吐かせたり、指で掻き出そうとせず、速やかに医療機関を受診させてください。

こんなとき、どうする？

あなたの働く（実習する）施設では、子どもの体調が急変した場合の手順は決まっているでしょうか。緊急時の連絡先（保護者、管理者、学校医や嘱託医など）や連携医療機関、緊急薬や AED の常置場所、子どもを休ませたり処置ができる場所などは時々全員で確認しておきましょう。備えあれば憂いなしです。▷

8.3　気になる行動と発達障害について

ここでは、子どもの行動の多様性について学び、異なる個性や発達段階を理解する重要性に焦点を当てます。保育者は子どもたちの行動を客観的に観察し、その背後にある理由を理解するためのスキル磨きが必要となります。

8.3.1　気になる行動とは？

「気になる行動」とは、保育者から見て子どもが取る行動のうち、社会的に不適切である、または不相応である行動のことです。つまり、その行動によって本人や周りの人たちに不利益になる行動です。それには、暴力をふるう、乱暴な言葉、自己中心的な態度、思いやりがない、衝動的に動くなど様々なものがあります。

ただし、ここで気をつけなければならないのは、すべての子どもは、その未熟性からそういった行動を取りやすいということです。子どもは成人とは違い、状況を分析したり判断する能力や運動機能自体がまだまだ発達途上にあるため、大人の保育者から見ると、当然その行動は浅はかで成熟していないように捉えてしまいがちです。ですので、ここでの「気になる行動」とは、あくまで社会的に見て、周りの人が困る、あるいは自分自身の行動に悩むことが多い場合に問題になります。

8.3.2　発達障害の種類

発達障害には、現在アメリカ精神医学協会の DSM-5 による病型分類が広く世界で利用されています。それには大きく、自閉スペクトラム症（ASD）、注意欠如・多

動症（ADHD）、限局性学習症（SLD）の 3 つに分けられます。それぞれに知的能力が低い知的障害が合併することがあります。これらの障害は、それぞれが単独で存在するというよりも、子どもによっては 2 つあるいは 3 つの障害が混在することがよくありますので注意が必要です。

●自閉スペクトラム症（ASD）

社会的なやり取りの障害、コミュニケーションの障害、こだわり行動の 3 つの特性をもちます。知的障害が合併することもあります。知的障害がないものは、従来アスペルガー症候群とか高機能自閉症と呼ばれていました。早くは乳児期から発症し、独特の育てにくさを示します。将来的な社会適応には多大なサポートが必要なことが多いです。

●注意欠如・多動症（ADHD）

不注意、多動性、衝動性の 3 つの特性をもちます。集団生活が始まる幼児期に顕在化し、学童期になると問題化します。知的障害はない場合も多く、かなりの子どもが思春期にかけて軽快していきます。療育が大きな効果を示します。

●限局性学習症（SLD）

知的障害がないのに一部分あるいは複数の学習（聞く、話す、読む、書く、計算する、推論する）に障害を認めるものです。特に、読む、書くに障害があるものをディスレクシアと呼びます。本格的な勉強が始まる学童期に顕在化します。療育もかなり難しいのが現実ですが、本人と周りの人々の地道な努力で子どもの将来が明るいものとなります。

8.3.3　🦋 発達障害の早期診断

発達障害は早期診断、早期介入が大事ですが、発達段階の子どもの場合、乳児期にはその特徴は顕在化しにくく、実際の診断は幼児期や学童期になることが少なくありません。なんとなく育てにくいという養育者の印象から診断に進むことも多く見られます。特に保護者からのこういった SOS を保育者は敏感に受け止め、保育中の子どもの行動や言葉に注意を払い、早期診断につなげていく努力が子どもの未来に大きく役立ちます。

小児科医、児童精神科医、臨床心理士が行動観察、各種発達心理検査、画像診断などから総合的に診断し、必要に応じて療育を開始します。保護者はたいていの場合、育児に疲弊しています。保育者は子ども本人に対してはもちろんのこと、その保護者に対しても寄り添う姿勢を忘れてはいけません。

こんなとき、どうする？

　周りの子どもに比べて、極端に話す言葉の少ない子どもがいます。どんな原因が考えられ、どのようなアプローチが必要でしょうか。考えてみましょう。

インクルーシブの視点から

　インクルーシブ教育が叫ばれるようになって久しくなりますが、発達障害の子どもたちが普通のクラスで集団保育を受けることは、本人や周りの子どもたちだけではなく、保育者にも大きな負担になります。言うことを聞かない子ども本人への対応や、けんかやモノの取り合いなどの子ども間のトラブルに関する両方の親への対応など、保育者が抱え込む問題によるストレスも多く、そのために自分が抑うつ傾向になってしまう保育者もいます。

　これらを 1 人で抱え込むことはとても危険です。必ず、複数の保育者がチームになって関わることが大切です。保育者の精神的健康が、明るく健康な子どもを育むことを忘れてはいけません。

保育の道しるべ

　筆者が勤務する園では、日々の怪我を記入し、月ごとに保健係の保育者が集計を行っています。傾向として、擦過傷や打撲が多く、週後半の集計数が多いという結果が出た時もありました。傾向がわかると保育者も気をつけながら保育を行うことができました。また、3 歳児は 2 人担任で、保育者と一緒にいることが多く、5 歳児は行動範囲が広くなりますが、自分や周りに気をつけながら行動できるようになります。4 歳児は進級すると環境が変化します。クラスも変わり、2 人担任から 1 人担任に変わり、子どもたちとの関係性を築いている状況の中で、目が行き届かない場面もあるので、特に気をつけていました。

　報告・連絡・相談は基本ですが、怪我の時は早急な対応が必要になってきますので、自分で判断ができない場合は、近くにいる先輩の保育者に怪我の様子を見てもらうことが必要です。擦過傷の場合は水で血を洗い流して傷口を清潔にします。打撲の場合は痛い場所をよく見て、擦過傷の確認をしてから冷やします。この時点でも園長・教頭には報告しますが、大きな怪我になった場合には教員室に運んで対応します。附属小学校の養護の先生や大学の保健管理センターの先生に診ていただくこともあります。怪我の様子によっては、家庭に連絡をして状況を説明し、保護者に指示を仰ぐこともあります。子どもが怪我をした時には、確実な状況を把握して説明ができるようにしておく必要があります。

　私の好きな絵本の 1 冊に『おおきくなるっていうことは』という絵本があります。

> おおきくなるっていうことは　まえよりたかいところに　のぼれるってこと
> おおきくなるっていうことは　たかいところから　とびおりられるってこと
> それもそうだけど　とびおりても　だいじょうぶかどうか　かんがえられるってことも
> おおきくなるっていうこと
>
> 出典：中川ひろたか（文）・村上康成（絵）（1999）おおきくなるっていうことは．童心社

　私が年度末の3月頃、進級を心待ちにしている子どもたちに読むことが多い絵本です。特に「それもそうだけど　とびおりても　だいじょうぶかどうか　かんがえられるってことも　おおきくなるっていうこと」という文が気に入っています。絵には大きな木に登っている子どもが気をつけながら木を降りていく姿が描かれています。本来、子どもは自分で自分の身を守ろうとする力、危険回避能力をもっていると思います。子どもたちは小さな怪我を繰り返しながら、心身ともに逞しくなり、その力を伸ばしていくのではないかと思います。もちろん安全第一ですが、子どもが自ら気をつけようとする姿に成長を感じます。

◆ 考えてみよう！ ◆

✎ 乳幼児期の子どもたちも、大人とは違った様々なストレスにさらされていますが、それにはどんなものがあるでしょうか。子どもの立場になって考えてみましょう。

✎ 大人のストレス解消法を、そのまま子どもに当てはめることは難しいことが多いです。子どものストレス解消法としては、どんなものが挙げられるでしょうか。上で挙げたストレスに対応した解消法を考えてみましょう。

✎ 言葉がまだ上手に話せない年齢の子どもがストレスを感じている時、大人はどんなことからそれを察知することができるでしょうか。ストレスを表す症状や行動などを具体的に思い浮かべてみましょう。

❀ 引用・参考文献 ❀

こども家庭庁（2018）保育所における感染症対策ガイドライン（2018年改訂版）．`https://www.cfa.go.jp/assets/contents/node/basic_page/field_ref_resources/e4b817c9-5282-4ccc-b0d5-ce15d7b5018c/c60bb9fc/20230720_policies_hoiku_25.pdf`（情報取得 2024/12/5）
日本学校保健会（編）（2022）学校における感染症対策実践事例集．日本学校保健会
日本小児科学会（2023）子どもの予防可能な障害と対策．`https://www.jpeds.or.jp/modules/general/index.php?content_id=23`（情報取得 2024/1/16）

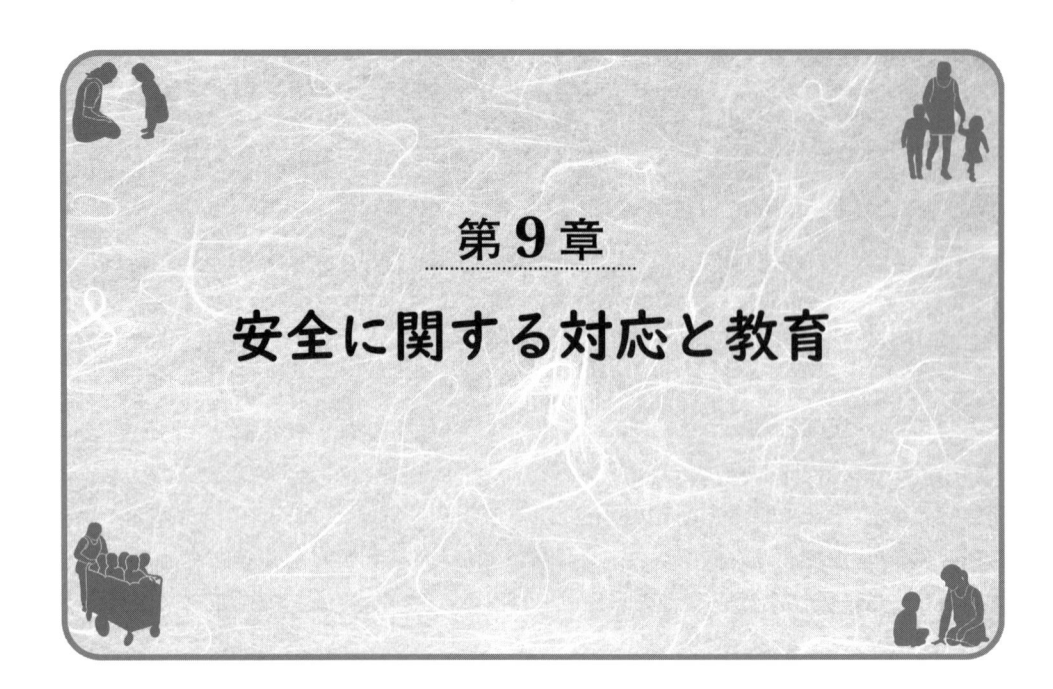

第9章
安全に関する対応と教育

この章で学ぶこと

✿ 子どもの安全とリスクの考え方を理解します。

✿ 安全に関して身につけたい資質・能力について学びます。

✿ 子どもの事故の傾向と安全計画について学びます。

✿ 主体的な遊びと安全に関する指導・援助について考えます。

　領域「健康」のねらいは、「健康な心と体を育て、自ら健康で安全な生活をつくり出す力を養う」ことです。「自ら安全な生活をつくり出す力」とは、どのような力だと考えますか？　本章では、子どもたちが「自ら安全な生活をつくり出す力」を捉え、その力を育むために保育施設として必要なこと、保育者として押さえておきたい知識を学び、保育現場での事例から安全に関する指導・援助について考えます。

9.1　子どもの安全

　領域「健康」のねらいから考えると、生活における安全は「子どもたちがつくり出す」ものです。一方で、送迎バスの閉じ込め等の重大事故のニュースに思いを馳せると、子どもたちの生活における安全は、「周りの大人が守る」ものだと感じる人もいるでしょう。

保育施設における子どもの安全には、保育者が保障したり指導する側面と、子どもが自らつくり出す側面があります。また、子どもが自ら安全な生活をつくり出すためには、保育者の適切な関わりも必要です。

9.1.1 ❀ 安全とは

安全は安心とセットで語られることの多い言葉ですが、安全と安心の違いを説明できますか。安全は「安全性」、安心は「安心感」という言葉があるように、安全は客観的な意味で使われ、「安心」は主観的な意味で使われています。

また安全と聞くと、100％事故は起こらないと考えるかもしれません。しかし、絶対に事故が起こらないのは、何もしない場合です。人が何かをする限り、程度の差はありますが、リスクが存在します。安全とは、「常に危険性（リスク）は残されており、それが許容可能、または受け入れ可能なもののみになっていること」（日本学術会議, 2005）です。

許容可能なリスク、または受け入れ可能なリスクしか残っていないので、「この場所は安全ですから安心してください」と伝えたとしても、安心するかどうかは人それぞれです。安心は、「安全・安心に関係する者の間で、社会的に合意されるレベルでの安全を確保しつつ、信頼が築かれる状態」（日本学術会議, 2005）のことだからです。

安全はリスクを経由して考えることが必要ですが、「どんなリスクも存在しない」ことではありません。

9.1.2 ❀ 子どもの安全とリスク

子どもの安全も、リスクがあることを前提とし、リスクが許容可能、または受け入れ可能なもののみになっていることが必要です。リスクとは、「人に危害を起こすハザードの深刻さと危害がおこる確率のくみあわせ」（掛札, 2015）で、ハザードは「人に危害を及ぼす潜在的な力を持ったもの」（掛札, 2015）です。

> リスク ＝ 人に危害を起こすハザードの深刻さ × 危害が起こる確率
> ハザード ＝ 人に危害を及ぼす潜在的な力を持ったもの

図 9.1　「リスクとハザード」の考え方
掛札逸美（2015）子どもの「命」の守り方. エイデル研究所. 69. より筆者作成

子ども用の椅子、机、階段⋯ 子どもに何らかの危害を及ぼすものはすべてハザードになり得ます。リスクを低くするには、ハザードを除去するか、子どもに危害が及ぶ確率を下げることが必要です。階段から転落する可能性があるからといって、保育施設の階段をなくすことはできませんが、鍵つきの扉等をつけるなどの安

全対策を講じることで転落する確率を下げることができます。また、歩き始めたばかりの 1 歳児と基礎的な動きが十分に身についている 5 歳児では階段から転落する確率も異なるので、対象となる子どもの年齢や発達を考慮することも大切です。このように、子どもの安全に関わるリスクは、子どもにとってのハザードの深刻さと危害が起こる確率を組み合わせて判断します。

　保育者として子どもの安全を保障するためには、子どもにとってのハザードを見定め、子どもとハザードの関わりからリスクを評価するリスクアセスメントの視点をもちたいものです。その上で、ハザードを除くことができない場合には適切な安全対策を講じる必要があります。

　一方で、子どもたちは遊びに内在するリスクを遊びの面白さとして感じ、あえてリスクに挑もうとする姿があります。リスクを乗り越えたことで達成感を感じたり、リスクを察知し、回避するための力も身につけていきます。遊びの中では、リスクだと思っていたものが成長につながる価値というプラスの意味を帯びるのです。日本ではこれまでも、子どもの発達にとって必要なリスクは遊びの価値の 1 つとして捉えてきました。

　毎日の生活や遊びの中で、保育者にはとっさのリスクの判断や対処を求められることもあります。たとえば、4 歳児が戦いごっこを始めたら、保育者としてどのように関わりますか。リスクがあるからやめさせたほうがよいのか、リスクはあるけれど、それを上回る育ち、遊びの価値があるからやめさせないか…。戦いごっこが禁止されている場合を除いて、判断に迷うことがあると思います。

　そのような時はまず、リスクがあるかないかで考えるのではなく、ハザードを見定め、怪我の大きさや確率からリスクの度合いを検討します。そして、遊びの価値とリスクを天秤にかけ、リスクを上回る価値がある場合には遊びを制止しないといった判断をしたいものです。遊びの推移を見守る場合には、大怪我につながる環境ではないか、この先どんな動き方をしたら遊びの価値よりリスクが上回るかなどを想像し、必要に応じた指導や援助を行います。また、遊びの価値とリスクを天秤にかけてどのような指導や援助をするかの判断は、子どもの発達やその時の状況、環境によっても変わります。保育者は、子どもの遊びについて日頃から共有し、ヒヤリ・ハット事例と安全に関する指導や援助について検討し合うことが大切です。

　怪我や事故のリスクがあるからといって、危ない遊びを全て禁止しリスクをゼロにしてしまっては、リスクに気づいて乗り越える機会も遊びの価値もなくなります。リスクが全くないところでは怪我をする心配はありませんが、子どもが自ら安全な生活をつくり出す力の養成ができなくなります。

こんなとき、どうする？

　今、あなたは5歳児の担任です。夏祭りにカレーライスを作りたいという希望が子どもたちから挙がりました。子どもたちと包丁を使用して野菜を切りたいと考えましたが、幼稚園で子どもたちと包丁を使用した経験がありません。

　年長児のカレーライス作りにおいて包丁を使用するかしないか、あなたならどのように判断しますか。年長児が包丁を使用する時のリスク、包丁を使用する時に得られる体験とその価値を検討した上で考えをまとめましょう。　　▷

9.2　安全について育みたい資質・能力

　子どもたちが主体的に環境に関わり、それぞれに興味のあることを見つけて遊ぶ時にはリスクがつきものです。リスクがあることを前提とし、子どもに育みたい安全についての資質・能力とは何でしょうか。本節では、安全に関する資質・能力を保育所保育指針（厚生労働省，2017）、幼稚園教育要領（文部科学省，2017）、幼保連携型認定こども園教育保育要領（内閣府・文部科学省・厚生労働省，2017）から捉え、その具体的な内容について考えます。

9.2.1 　子ども自ら安全な生活をつくり出す力

　「幼児期の終わりまでに育ってほしい姿」には、保育施設の教育及び保育にて育みたい資質・能力が育まれている園児の具体的な姿が記されています。領域「健康」に関するのは、ア、健康な心と体　です。以下は保育所保育指針からの引用ですが、内容は3つの施設で共通です。

> 幼児期の終わりまでに育ってほしい姿
> 　ア　健康な心と体
> 　保育所の生活の中で、充実感をもって自分のやりたいことに向かって心と体を十分に働かせ、見通しを持って行動し、自ら健康で安全な生活をつくり出せるようになる。

　このような姿は5歳児後半頃の姿であり、5歳になったら突然見られるようになる姿ではありません。「子どもが発達していく方向を意識して、それぞれの時期にふさわしい指導を積み重ねていくこと」（保育所保育指針解説，2018）が大切です。

　さて、幼稚園教育要領（文部科学省，2017）の保育及び教育の領域「健康」のねらい及び内容から、安全に関する資質・能力は、子どもが「自ら安全な生活をつくり出す力」だと捉えることができます。さらに幼稚園教育要領解説から、このような力は「①安全についての構え　②安全に関する知識　③安全の習慣　を身に付け、危険に気づき、安全を守る適切な行動を取ることができる力」であると捉えることができます。

①安全についての構え

　領域「健康」の「内容の取扱い」（6）の解説には、「安全についての構えを身に付けるとは、幼児が自分で状況に応じて機敏に体を動かし、危険を回避するようになることであり、安全な方法で行動を取ろうとするようになることである」（幼稚園教育要領解説，2018）と記載があります。

　安全についての構えとは、生活や遊びの中での危険に気づき、その後の展開を考え、怪我などの可能性を考えることのできる危険予測能力と、危険を回避する行動を判断し、実践するための危険回避能力と捉えることができます（吉山，2013）。

　危険に気づくためには、危険認知の発達が必要ですし、危険を回避する行動を実践するためには、遊びの中で様々な動きを身につけ、運動体力と運動コントロール能力を身につけることが大切です。

②安全に関する知識

　安全に関する知識には、主に生活に関すること、交通安全に関すること、災害や犯罪に関することがあります。

　生活に関しては、はさみなどの道具、ブランコや滑り台、大型積み木等の遊具の安全な使い方や園内外の危険な場所の把握等、生活や遊びの中で必要に応じて指導を重ねていきます。また、子ども自身が安全に気づいていくような適切な働きかけも大切です。

　交通安全に関しては、登園・降園、園外保育時の横断歩道のルールや歩き方など、生活の中で関心をもたせて伝えていきます。

　災害や犯罪から身を守ることは、いざという時に行動できるように、子どもたちの発達に応じて指導内容を工夫しながら、基本的な対処を確実に伝えます。

　日常の生活や遊びの中で、子どもたち自身が気づく危険もありますが、災害や不審者との遭遇時の対応については、子どもが自ら気づくものではありません。緊急事態に備え、子どもたちの発達に応じて指導内容を工夫し、繰り返し伝えることが重要です。

③安全の習慣

　安全の習慣は、②安全に関する知識　と共に身につけていくことが大切です。

　生活に関しては、道具や遊具を正しく使い、道具や遊具などを使ったままにせずに片付けるなど、生活の場を整えることを習慣にしていきます。

　交通安全に関しては、警察などの専門機関や地域と連携して模擬訓練を行い、家庭とも協力して横断歩道を安全に渡るための行動等を身につけられるようにします。

　災害等に関しては避難訓練を行い、いざという時に自分で自分の身を守ることができるようにします。

9.2.2　🌸 子ども自ら安全な生活をつくり出す力の基盤

　焦っている、気になることがある、落ち着きがない等、情緒が安定しない時は怪我や事故が起こりやすいものです。子どもたちが保育施設で安定感をもって生活ができることは、子どもたち自ら安全な生活をつくり出すための基盤です。また、自分で安全な生活をつくり出そうとする気持ちが育まれることも大切です。

　このような子どもの情緒の安定と自分でしようとする気持ちは、保育者等周りの大人の愛情豊かで受容的・応答的な関わりの中で、乳児期から培われます。そのため、保育所保育指針（厚生労働省，2017）では乳児期から一貫して、安全な生活は子ども自らがつくり出すものとして示しています。

【乳児保育に関するねらい】

> 　ア　身体的発達に関する視点「健やかにのびのびと育つ」
>
> > 　健康な心と体を育て、自ら健康で安全な生活をつくり出す力の基盤を培う。
>
> 下線部筆者

【1歳以上3歳未満児の保育に関するねらい】

> 　ア　心身の健康に関する領域「健康」
>
> > 　健康な心と体を育て、自ら健康で安全な生活をつくり出す力を養う。
> > （ア）ねらい
> > 　③　健康、安全な生活に必要な習慣に気づき、自分でしてみようとする気持ちが育つ
>
> 下線部筆者

　もちろん乳児期の子どもは、危険に気づいたり、危険を回避することはできませんから、保育者は安全を保障し、子どもが安心して過ごせる環境を整えることが重要です。穏やかで安定した生活の中で主体として尊重されると、触ってみたい、関わってみたいという気持ちが膨らみ、自ずと体を動かそうとする意欲が育まれていきます。

　1〜2 歳頃の子どもは、よちよち歩きから徐々に歩く姿勢が安定し、自由に遊具を操作したりすることもできるようになります。保育室内のおもちゃを片付けることや正しい遊具の使い方など、安全に生活する時の習慣や決まりに気づき、自分でもやってみようとする姿があります。2 歳頃の子どもは、ブロックを投げる友達の様子に「危ないよねえ」と保育者に伝えたり、片付けを「自分でやる」と言ったりします。ただ、その思いと動きが伴わずにもどかしさを抱えたり、違うことに興味が移ったりもします。自ら危険に気づき、安全を守る行動をとることは難しい時期なので、子どもの行動範囲の広がりと共に、必要な安全対策を講じることが重要です。

　保育者は、乳児期からの情緒の安定と自分でしてみようとする意欲の芽生えが、自ら安全な生活をつくり出す力の基盤となることを踏まえ、子どもの年齢に応じた事故の傾向を把握して安全を保障すると共に、自立に向かう子どもたちの姿を愛情深く、長い目で支えていきたいものです。

こんなとき、どうする？

　幼稚園の 3 歳児クラスで、初めてはさみを使用することになりました。あなたは、はさみの使い方と共に、はさみを使用した時の危険や安全について、子どもたちにどのように伝えますか？　　　　　　　　　　　　　　　　　　　　　　▷

9.3　子どもの事故と安全計画

　子どもの事故は、「身体の大きさ、身体機能・運動能力・理解能力等が変化するため、それに伴い、起こりやすい事故の内容も変化するという特徴」（東京都，2008）があります。子どもに起こりやすい事故と、子どもの年齢と発達や特徴等を認識することは、重大事故を予防するために重要であることはもちろん、遊びの価値を尊重してリスクを判断するためにも大切です。

9.3.1 🦋 子どもの成長に伴う起こりやすい事故

図 9.4 は、日常生活事項による救急搬送人員を、「ころぶ」「おちる」「ぶつかる」等事故種別に分けて年齢ごとにその割合を示したものです。図 9.4 を用いて、「ころぶ」「おちる」「ぶつかる」「ものがつまる等」「切る・刺さる」「はさむ・はさまれる」という事故が多い理由を、子どもの発達や特徴と照らして考えます。

①ころぶ・おちる

図 9.4 を見ると、どの年代でも「ころぶ」「おちる」事故が全体の半分ほどを占めています。

転倒が多いのは、頭の比重が大きいプロポーションによります。子どもは 3 歳児で 3 頭身、3〜6 歳児で 5 頭身前後と頭が大きく、重心が高いのです（東京都, 2008）。そのため、転んで頭を強く打つと、臓器の発達が未熟な乳幼児は重症化することもあります。1 人で座り始め、つかまり立ちをし始めた乳児は、特に後ろへの転倒に注意が必要です。

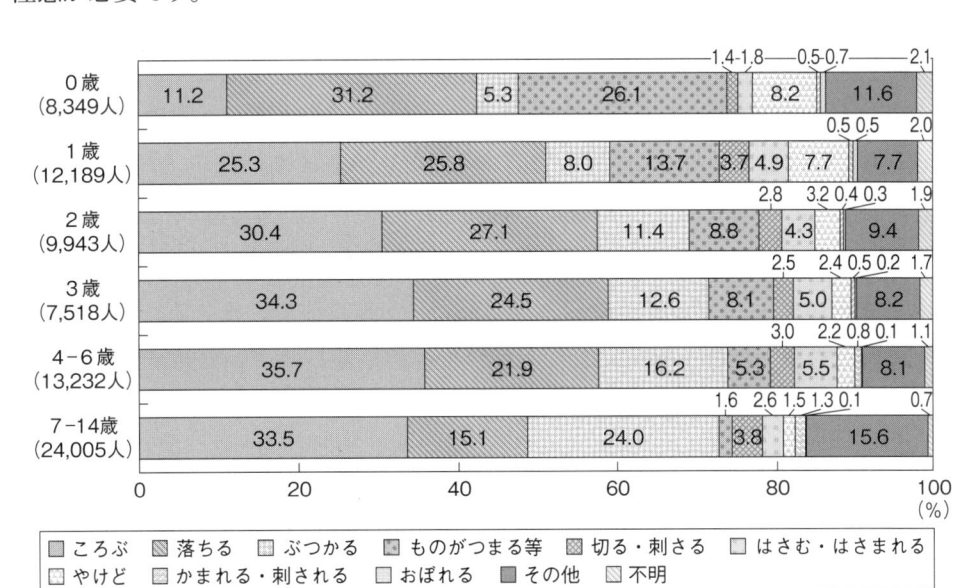

図 9.2　日常生活事故による救急搬送人員数の事故種別割合
出典：消費者庁（2018）平成 30 年度版消費者白書. 104.

②ぶつかる

身体のバランスを崩して転倒したことに伴い、テーブルの角に顔や頭をぶつけて怪我することがあります。子どもは 1 つのことに集中すると周りが見えなくなる傾向があるので、園庭で鬼ごっこなどの走る遊びの動線が重なると、走っていて出会

い頭に友達とぶつかることがあります。走っていてぶつかる場合、顔や口の中に怪我が生じることもあります。

　また、年齢が上がるにつれて交通事故も増えます。身長が低く運転手から見えづらいことや、子どもの視野は 6 歳児でも大人の 3 分の 2 程度であること、危険を素早く判断できないことも影響します。

③ものがつまる等、切る・刺さる、挟む・挟まれる

　操作的な運動ができるようになってくる 6 が月頃から、子どもは口の中にものをいれて探索を始めます。手指の動きが自由になると共に誤飲のリスクが高まり、医薬品や洗剤、磁石などを飲み込むと子どもの未熟な臓器に大きなダメージを与えます。また、飲み込むものの大きさによっては窒息する可能性もあり、ぶどうやナッツ等の食品でも起こり得ます。

　口に物を入れることが代表的な探索行動ですが、自分の指をリング状のものや小さな穴に入れたり、鼻や耳の穴に物を詰めることも探索行動です。3 歳頃までは、小さな穴に指を詰めて指が腫れたり、鼻の穴や耳の穴にビーズ等を詰めてしまうことがあります。

　また、子どもは胴体よりも頭が大きいので、フェンスなどの小さな隙間などに足から入ると抜け出ることができず、窒息することもあります。

　日常的に起こり得る事故と怪我は、対応を心得ながら重大事故につながらないように予防をすることが大切です。消費者庁が発行している「子どもを事故から守る！ 事故防止ハンドブック」や日本小児科学会が作成している「子どもの予防可能な障害と対策」などを参考にして、毎日の生活や遊びにおいて対策を心がけましょう。

9.3.2　🐾 保育施設における重大事故の予防

　子どもの主体的な活動を尊重した生活に怪我はつきものですが、死亡や重篤な事故とならないように予防と対策は不可欠です。2016（平成 28）年には、内閣府、文部科学省、厚生労働省から「教育・保育施設等における事故防止および事故発生時のためのガイドライン」（以下、ガイドラインと表記）が示されました。また近年は、園外活動時に子どもが取り残される事案や、送迎バスに子どもが置き去りにされ亡くなるという痛ましい事故を受け、さらなる安全管理の徹底が求められています。

　ガイドラインには、特に子どもの重大事故が発生しやすい場面を、「睡眠中」「プール・水遊び」「誤嚥（食事中）」「誤嚥（玩具、小物等）」「食物アレルギー」に分けて注意事項が記載されています。これらの場面に加え、園外活動やバス送迎に関して、

保育施設では重大事故防止と事故発生時の対策等をマニュアルとして作成する必要
があります。マニュアルを含め、保育施設では毎年安全計画を策定し、実施する義
務があります。

　たとえば、誤嚥・誤飲による窒息に関しては、予防のためのチェックリストや窒
息時の対応表（参考：「事故防止及び事故発生時対応マニュアル―基礎編―」）を作
成します（大阪市、2018）。窒息をはじめとする重大事故場面に応じたマニュアル
だけでなく、災害、119番対応、緊急対応、不審者対応に関してもマニュアルを作
成します。緊急対応等では役割分担も必要になるので、自分の役割を確認し、年に
複数回、訓練をしておくことも必要です。

9.3.3　🦋 保育施設における安全計画

　保育施設が策定し実施する安全計画は主に安全管理と安全教育から構成され、
①安全点検、②児童・保護者への安全指導等、③実践的な訓練や研修の実施、④再
発防止の徹底、などの安全確保に関する取り組みの年間スケジュールを定めること
が必要です。厚生労働省が2022（令和4）年に発出した「保育所等における安全計
画の策定に関する留意事項等について」から、①～④の概要を下記にまとめます。

①安全点検

(1) 施設・設備の安全点検 ··· 備品、遊具、防火設備、避難経路などを、年齢別の
　　チェックリスト等を用いて確認し、改善すべき点に対応する。／散歩コースな
　　ど定期的に使用する園外の場所についても確認する。

(2) マニュアルの策定・共有 ··· 9.4.1項で示したマニュアルを策定し、常勤保育者
　　だけでなく非常勤保育者、保育補助者も含めて全職員に共有する。

②児童・保護者への安全指導等

(1) 児童への安全指導 ··· 9.2.1項で述べた「安全についての構え」「安全の知識」
　　「安全の習慣」が身につくように、生活、交通安全、災害や犯罪における危険を
　　認識し、緊急時の行動の仕方がわかるようにする。

(2) 保護者への安全指導 ··· 保育者自身が安全に関するルールを遵守し、子どもが
　　家庭で安全を学ぶ機会を作ってもらう。／保護者に保育施設の安全計画や安全
　　に関する取り組みを説明し、連携を図る。

③実践的な訓練や研修の実施

- 避難訓練は、地震・火災だけでなく、地域特性に応じた様々な災害を想定し
  て行い、不審者の侵入を想定した訓練も行う。

- 救急対応（心肺蘇生法、気動内異物除去、AED、エピペンの使用等）については実技講習を受け、保育施設内でも訓練を行う。
- 研修などは、常勤保育者だけでなく非常勤保育者、保育補助者も含めて全職員が受講する。

④再発防止の徹底

- ヒヤリ・ハット事例の収集と要因を分析し、必要な対策を講じる。
- 事故が発生した場合は、安全点検の点検箇所やマニュアルに反映し、職員間の共有を図る。

> **こんなとき、どうする？**

あなたは、4歳児の担任をしています。電車での遠足に向けて、子どもたちに、幼稚園から駅までに向かう道のりでの交通ルールを指導したいと考えています。子どもたちには、何を、どのように伝えますか？ 実際の道のりを想定し、指導内容を考えましょう。 ▷

9.4 主体的な遊びと安全に関する指導・援助

死亡や重篤な事故は確実に防ぐことが必要です。ただ、毎日の遊びや生活の中で、重大事故を恐れるあまり保育者が危険と感じる遊びを制止してしまっては、子どもたちに危険予測能力や危険回避能力は身につきません。子どもたちが自分で危険に気づき、回避する行動をとるといった安全についての構えを身につけるために、必要な指導・援助とは何でしょうか。

9.4.1 🌸 主体的な遊びに伴うリスクと保育者の関わり

重大事故の予防に関しては、各保育施設にマニュアルがあり、対策が決まっています。決まった対策を毎日の保育の中で確実に実施できるようチェック項目もあり、緊急時には保育施設で定めた対応が取れるように研修や訓練もあります。

では、子どもたちが遊んでいる時の日常的な怪我についてはどうでしょうか。どのくらいの怪我なら許容できるのか、多くの保育施設に共通するような判断基準があったり、判断基準のマニュアルが示されているものではありません。同じ怪我でも、ある保育者は「これくらい大丈夫」と言い、他の保育者は「安静にして様子を見

ないと」と言うなど、捉え方が異なることもあるでしょう。このような状況では、遊びの中のリスクをどうやって捉えたらよいのか、判断に困ると思います。

　掛札（2015）は、遊びの中の学びという価値と安全のバランスを保育者が考え、「今、目の前にいるこの子ども（たち）の育ちに合わせて、どこまで挑戦させるのか。どこが限度なのか、これを見極めて行動できることは、非常に高度な保育スキルである」と述べています。そして、子ども主体の保育では、遊びの価値とリスクを天秤にかけ、指導・援助の工夫をするという、その高度な保育スキルが求められているのです。

　掛札は、もうすぐ2歳になるA児が小型ジャングルジムに登ろうとする場面を取り上げて、その後の保育者Bがとる判断について選択肢を3つ示しています。

> ①「あ、ダメだよ」と言って、Aちゃんをジャングルジムからすぐに下ろす。
> ②1メートル離れた砂場で他の子どもたちを遊ばせながら、「あ、登れた。大丈夫かな」と考えながら見守る。
> ③「あ」と思って、園庭の様子を見渡して他の保育者の位置を見てから砂場を離れ、Aちゃんの横に立つ。「砂場の子たちは、熱心に穴を掘っているし、口に入れても危ないものもないから、Aちゃん、ちょっと頑張ってみる？」とAちゃんのお尻の下に手を差し出し「よし！ 頑張って！」と声をかける（お尻を押し上げるわけではない）。
>
> 出典：掛札逸美（2015）子どもの「命」の守り方. エイデル研究所. 38–39.

　①では、A児の挑戦自体がなくなりますし、②のように1メートル離れたのでは落下を防ぐことができません。そこで、砂場の状況と見比べて危険だと考えたA児の側に立ち、お尻の下に手を差し出すという落下防止対策をした上で、A児の挑戦を援助するという判断をしました。その後、もともと保育者Bがいた砂場のほうから、子どもたちの怒った声が聞こえたことを分岐点として、保育者Bの判断をさらに2つ提示しています。

> ③からの分岐a：「Aちゃん、できた！ 今日はここまでだね」とAちゃんを抱き上げ、砂場に戻る。
> ③からの分岐b：砂場の反対側の遊具で子供と一緒にいる保育者Cを見ると、そちらの子どもたちは落ち着いて遊んでいる様子だったので、「C先生！ 砂場の○○ちゃんが怒ってるんだけど、ちょっと見てください。お願いします」と頼む。保育者Cから「はい！ わかりました」という返事が戻ってきたので、砂場のほうも見ながら、しばらくAちゃんにつく。
>
> 出典：掛札逸美（2015）子どもの「命」の守り方.エイデル研究所. 39.

　ここでの判断基準として、掛札（2015）は「この事故で起こりうる最悪の事態を予測し、最悪の事態が深刻でありうるならば、最低限、その深刻な事態だけは防ぐ努力をする」ことだと述べています。③—b の判断では、A 児の落下という最悪の事態を防ぎながら、他の保育者と連携し、A 児の挑戦を支えつつ、他の子どもの安全も見守ることができています。

　このような判断と行動は、1 日や 2 日でできるようになるものではありません。保育者は、遊びの中でのリスクの判断と対処について話し合い、学び合い、遊びの価値を尊重した事故の予防について考え続けることが大切です。

9.4.2　🐾 遊びの価値を尊重した保育者の判断と子どもの育ち

　子どもたちは毎日成長していますから、年齢、発達、特徴に応じて、子どもたちへの指導と援助は変わっていきます。そして、保育者が子どもたちを見守る姿も変わっていきます。

①築山を下る 1 歳児

> 　歩き始めではないけれど、まだ歩行の安定しない 1 歳児 D が築山を下ろうとしていました。最初は急な斜面を降りようとしたものの、降りることができないと感じたのか、反対側の緩やかな斜面を降りようとしています。その様子を見つけた保育者は、D 児の足元にあった砂遊び用のシャベルを拾い、D 児の後ろから様子を見つめています。D 児は、慎重に一歩ずつ歩き始めたものの徐々に歩行のスピードが速くなり、安定したリズムで斜面を降りていくようになりました。保育者は、D 児がこの斜面を降りることができると判断したところで自分も素早く斜面を降り、D 児の前に行き、「かっこいい！」と、斜面を降りることのできた D 児の姿を受け止めていました。

　保育者はまず、D 児の足元にある砂遊び用のシャベルといったハザードになるものを撤去し、D 児が安全に築山を降りることができるように環境を整えています。D 児が自分で斜面を確かめてゆっくりと降りていく様子を、転倒した時には駆けつけることができる位置で見つめつつ、D 児が自分で築山の斜面を降りられるようになったタイミングでは、D 児の自分でできた気持ちを受け止めるような位置に素早く移動をしています。保育者は、転倒のリスクを防ぎながら、足元のハザードは除去して見守り、D 児の気持ちを受け止める行動をとりました。たった 1 分の出来事に、遊びの価値を尊重した保育者の判断が連続していたのです。

　安全への配慮は、子どもたちの年齢によって変わります。1 歳児だからこそ、転

倒による頭部への打撲を予防するには、子どものすぐそばにいて、いざという時にサポートできることが大切です。一方で、基本的な動きを十分に身につけた子どもたちでは、保育者の見守る姿も変わります。

②安全な行動がわかり、友達に伝える5歳児の姿

> 園外保育時、5歳の男児6名で、先頭E児の動きを真似する遊びをしていました。E児は、E児の胸の高さくらいの石段に座り、両手をついて軽く飛び降りました。E児より少し身長の低いF児は、E児と同じように座っているものの、怖さもあってかE児と同じように跳び降りることができません。そこでE児は、座り方、手のつき方をF児に示した後、軽くジャンプして飛び降り、「離して、手。で、前に体重をかけてね」とF児に伝えました。F児はE児の助言を守り、恐る恐るですが降りることに成功しました。もう一度、E児が同じ石段を降りようとするので、F児も真似をするのですが、まだ怖さがある様子でした。そこでE児は、座った姿勢から後ろを向き、両手を順手で着いて、後ろ向きに降りることを提案しました。F児はやはり恐る恐るではあったものの、安全に石段を降りることができました。

この事例では、E児が安全に石段から降りることのできた時の方法と身体の感覚について、実際にやってみせると共に適切な言葉にしてF児に伝えています。さらに、F児が前向きで石段から跳び降りることが怖いと感じた様子に、E児は後ろ向きで降りたほうがよいと安全な降り方を提案しています。E児は毎日の遊びの中で、石段を降りるために必要な安全についての構えを十分に身につけていたのです。ここでは、保育者は子どもたちの遊びには関与せず、他の子どもたちと遊びながら、この遊びの推移を見つめていました。

ここでの保育者は、子どもたちのすぐそばにはいません。胸の高さの石段から跳び降りるのは、年長児とはいえ怖いと感じることも、大きな怪我の危険もあるでしょう。これまでの遊びの中の子どもたちの姿を見つめ、子どもを信頼しているからこそ、保育者は少し遠くから見守っていたのです。

この2つの事例は、子どもたちの年齢も違えば、子どもの発達も大きく異なります。しかし、保育者は共通して、日頃から子どもの主体的な遊びを大切にし、遊びの中の子どもの学びを

捉え、それが損なわれないように発達に応じたリスクを判断し、安全に配慮しながら子どもたちの遊びを支えています。また 2 つ目の事例では、他の友達に安全に気をつけた石段の降り方を E 児が F 児に伝えている様子がありましたが、これはまさに、子どもたち自ら安全な生活をつくり出す姿です。このような育ちには、毎日の遊びや生活の中で、子どもの主体性を大切にした安全に関する保育者の判断が大切です。遊びの価値を尊重したリスクの判断と安全は、保育の質の向上にもつながっていきます。保障すべき安全は確実に保障し、子どもの主体性を育むためのリスクと安全について適切に判断しながら、子どもたちと、子どもたちを取り巻く人々が安心できる保育を行いたいものです。

こんなとき、どうする？

　3 歳になったばかりの男児が、室内の滑り台で繰り返し遊んでいます。上から滑ることもあれば、下から登ったり、様々な遊び方をしています。

　さて、このような男児の姿に出会った時、あなたはどのように関わりますか。予想される男児の動きとあなたの関わりを具体的に記述した上で、あなたの考えを教えてください。▷

インクルーシブの視点から

　発達障害がある子の避難訓練について、障害の特徴からその在り方を考える必要があります。音や光に過剰に反応する、視覚が優位になる、何か特定のこだわりがあるなど、障害の特徴はそれぞれです。たとえば、緊急地震速報の音にびっくりして以来、訓練に参加することができなくなることなどもありますし、緊急時にいつも使っているものがなくて不安に陥ることもあります。

　緊急時に適切な行動をとることができるように、それぞれの子どもの障害の特徴に照らした訓練の在り方が必要です。大きな音が苦手な子は小さな音から慣らしていく、持ち物にこだわりのある子に対しては、いつも持っているものと同じものを避難袋に入れておくなど、その子の特徴に応じた対策をとっていきます。いつもと違う環境が苦手な子どもも多いので、突然訓練を行うのではなく、日常の中で緊急時の行動に慣れておくことが大切です。🌱

保育の道しるべ

　筆者が勤務する園の園内研修の中でハザードマップを作成しました。保育者が危ないと思われる場所や行動を話し合い、園内外のマップに当てはめていきました。作成したマップを活用していけるように、ロッカールームの目につく場所にマップを貼り、毎朝チェックできるようにしています。経験年数の短い保育者には視覚的に捉えやすく、毎日の保育の中で気をつけていけるように思います。ハザードマップについては、作成して終わりではなく、今後も定期的にアップデートしていく必要があります。また、幼稚園内外の安全管理については、自分のクラスや学年だけではなく、保育者同士が協力して、全体を見ていく必要があります。危険だと思う子どもの行動があった時には、気がついた保育者が子どもに危ないことを伝え、必要に応じて担任の保育者に伝えることもあります。実際に自分が経験した危ないと思われる場面や、自分が予想もしていなかった危険な場面を知ることで、園内研修で作成したハザードマップが、経験に伴って立体的になってくるのではないかと思われます。経験年数の短い保育者も、ハザードマップを参考にしながら、少しずつ視野が広がってきたり見通しが立つようになってきたりすると、新たな気づきが生まれ、安全の意識も高まってくるのではないかと思われます。

　安全教育に関しては、年間計画の中で避難訓練（地震・火事）・引き渡し訓練・防犯訓練・交通安全指導を行っています。避難訓練は年3〜4回行います。1学期の訓練では入園したばかりの3歳児が怖がらないように、各保育室に集まってから訓練を始めます。二次避難場所として園庭に集まり4・5歳児と合流すると、5歳児が防災頭巾の被り方を3・4歳児の前で誇らしげに披露してくれます。その後、各保育室で防災頭巾を実際に被ってみます。2回目以降は子どもたちが好きな遊びをしている時に訓練を行い、室内で遊んでいる時と戸外で遊んでいる時の避難の違いを伝えていきます。また、地震と火事の訓練の違いも伝えていきます。3学期の訓練では、5歳児が園庭で遊んでいる3・4歳児の面倒を見ながら避難するようにも指導していきます。その他、防犯訓練では避難訓練とは違った訓練の意味を、発達年齢にあわせて伝えていきます。保護者の方にも引き渡し訓練や交通安全指導に参加していただきます。繰り返し訓練を行うことで5歳児になると慣れが出てくることもありますが、着実に点呼や避難の仕方が上手になり、自分の身を守ろうとする意識が身についていきます。引き渡し訓練では、災害時について各家庭で話し合うよい機会になり、通園経路のハザードマップを作成している方もいるようです。

　あなたが関心を寄せる、保育における重大事故のニュースを1つ取り上げてください。その事故に関して、どのようにすれば防ぐことができたのかを考え、事故を防ぐために必要だった事柄を書き出しましょう。そして、事故防止のための

チェックリストと緊急時の対応表を作成してみましょう。

✎ 保育施設の園庭や公園にある遊具を 1 つ取り上げ、遊びの中で起こりそうな事故について調べましょう。また、その遊具を安全に使用するために、子どもたちにどのように指導しますか。子どもの年齢を設定した上で、指導内容を考えましょう。

✎ 豪雪地域なら雪害、川が近くにあるようならば水害といったように、あなたの住んでいる地域に特有の災害について考え、子どもたちの避難訓練に伝えたい内容を考えましょう。その際、地域の保育施設の安全計画等を参考にするとよいです。

❀ 引用・参考文献 ❀

堀清和・宮田美恵子・村上佳司（2022）発達障害がある子の防災教育に求められる合理的配慮. HISWAY わわ・わわのわ福祉アカデミア

掛札逸美（2015）子どもの「命」の守り方. エイデル研究所

掛札逸美（2020）子どもの危険認識力も高めるリスク・マネジメントの実践. 国民生活 2020 年 6 月号, No.94, 4-6.

国土交通省（2014）都市公園における遊具の安全確保に関する指針（改訂第 2 版）. https://www.mlit.go.jp/common/000022126.pdf （情報取得 2024/12/5）

厚生労働省(編)（2018）保育所保育指針解説. フレーベル館

文部科学省（2018）幼稚園教育要領解説. フレーベル館

内閣府・文部科学省・厚生労働省（2018）幼保連携型認定こども園教育・保育要領解説. フレーベル館

内閣府・文部科学省・厚生労働省（2016）教育・保育施設における事故防止及び事故発生時の対応のためのガイドライン〜施設・事業者向け〜. https://www.cfa.go.jp/assets/contents/node/basic_page/field_ref_resources/03f45df9-97e1-4016-b0c3-8496712699a3/39b6fd36/20230607_policies_child-safety_effort_guideline_02.pdf （情報取得 2024/12/5）

日本学術会議 人間と工学研究連絡委員会 安全工学専門委員会（2005）安全・安心な社会構築への安全工学の果たすべき役割. https://www.scj.go.jp/ja/info/kohyo/pdf/kohyo-19-t1034-1.pdf （情報取得 2024/12/5）

大阪市（2018）事故防止及び事故発生時対応マニュアル－基礎編－. https://www.city.osaka.lg.jp/kodomo/cmsfiles/contents/0000526/526188/200709kisohen.pdf （情報取得 2024/12/5）

消費者庁（2018）平成 30 年版消費者白書.

東京都（2008）乳幼児の事故防止教育ハンドブック. https://www.fukushi.metro.tokyo.lg.jp/kodomo/shussan/nyuyoji/jiko_kyouiku.html （情報取得 2024/12/5）

吉山祐子（2013）危険予測能力、危険回避能力を高める安全教育の研究. ふくおか教育論文

第10章
生涯における領域「健康」の役割

この章で学ぶこと

❀ 保育者の領域的視点から子どもの健康について他領域との関係性を学びます。

❀ 幼児期から学童期への生活の流れの中で、小学校入学までに身につけておきたい適切な子どもの「健康」の概念について理解します。

❀ 日本古来から受け継がれる動きや遊びに着目しながら、子どもに伝え残したい運動遊びを健康的観点から考えます。

❀ 地域社会と園生活と家庭とのつながり方を包括的に考えながら、保育者の地域における役割や効果を理解します。

　この章では、上記の四つポイントを念頭におきながら、保育内容（健康）の学びを総括する章となっています。具体的には、これまで学んできた他領域との関係性を押さえつつ、幼児期から義務教育へのスムーズな教育展開を実施するための保育者としてのやるべき点を考察します。加えて昨今の課題でもある多様な家庭や地域の要望に対応でき、かつ生活習慣や遊びを介しながら、日本古来の伝統文化を大切に伝承していける保育者を目指す内容となっています。

10.1 他領域と保育内容「健康」との関係

ここまで各章で、子どもの健やかな育ちとその支援について健康の視点から追求してきました。ここでは、領域「健康」と他領域の関わりについて検討します。

他領域の「表現」「人間関係」「環境」「言葉」については、「健康」と同様にどの領域も幼児の生活から切り離すことはできないでしょう。すなわち、幼児が遊びや食事などを介して日常生活を送る中では、程度の差こそあれ、必ずこの5領域の各要素が絡み合ってすべての活動が成り立っていることは理解できると思います。

遊びをもとに指導計画を設定する際には、保育の目的に応じて、領域「健康」をはじめとする各領域のねらいや内容を盛り込むことが想定されます。同じ保育の事象についても、何が目的であったか、あるいは、意図せずとも、どんな遊びが結果的に展開したか、について後ほど省察してみることで、領域「健康」および他領域がどのように絡みながら、子どもにどんな影響や効果をもたらしたか、各関係性を分析することもできます。

こうしたプロセスを保育実施の前後に検討してみることは、実習や現場で予測される多種多様な場面に対して、保育者として望ましい対応を培う基盤となるでしょう。

10.1.1 ✿ 他領域と領域「健康」の実際

たとえば、下記の保育の「一場面」を切り取って、保育の目標における「健康」をはじめとする他領域との関わりを探し出してみましょう。

（例：A児の鉄棒遊びにまつわる場面の記録より）

> 5歳のA児のこのところのマイブームは「鉄棒」の逆上がりをすることである。遊び時間は、いつも園庭の隅にある2段階の高さのある鉄棒のところに走っていき、低いものを選んで、逆上がりの練習を始める（健康、環境）。できるようになって、まだ3日ほどであるが、周りに保育者がいるとわざわざ鉄棒のところまで連れてきては「みてて、みてて」と言って逆上がりを披露する。そして保育者に「上手だね」とか「すごいね」と言ってもらい、満足している様子である（言葉、人間関係）。仲間に対しても、特に何も言わないが、さっと「逆上がり」ができる姿を見せたりして、反応をうかがっている様子である（人間関係、表現、環境）。

　この例は、「健康」のねらいに基づいた 5 歳児の A 児の保育活動の一場面を記録したものです。その場面には、「健康」の他にどんな領域の要素がうかがえるのか、またそれぞれの領域の視点からどのような子どもの気持ちや様子が想像されるのか、保育者は、どのような態度で子どもに接するべきなのかについて考えてみましょう。

　記録からは、A 児が「逆上がり」ができるようになった喜びと自信、充実感に溢れながら、自分から進んで毎日鉄棒のところで、繰り返し練習している様子が目に浮かびます。まさに体と心の健康をそのままに実践しています。A 児は、自分なりに次のレベルを目指しているかもしれません。安全性を確認できた上で、A 児は「逆上がり」ができるようになったことで運動的にも心理的にもさらに別の活動や感情を体験していくことになるでしょう。いずれにしても、保育者はこうした状況については、子どもの遊びの自然な流れを見守りつつ、支援するのが望ましいでしょう（図 10.1）。

　では同じ場面でも、「言葉」の側面からは、どんな状況が見えてくるでしょうか。「みてて、みてて」と自分の得意な鉄棒を見せたい素直な気持ちをそのまま保育者に発しながら、進んで運動に励んでいた様子がうかがえます。が、実際にはその言葉や行動に対して、保育者や仲間は A 児にどんな言葉をかけていたのでしょうか、想像してみましょう。保育者から応援される言葉や、逆に何らかの悔しかった気持ちによって、次の日の挑戦につながっていたかもしれません。さらにできるようになって周りに評価された体験を通じて、今度は自分から仲間を応援するような言葉が発せられるかもしれません。

　こうして見ていくと、その場に居合わせた保育者や仲間との関わりの中で「言葉」と密接な「人間関係」的状況も確認できます。たとえば、A 児は鉄棒の様子を見てほしいと保育者にお願いをしています。また言葉を発していませんが、「さっと『逆上がり』ができる様子を見せ（仲間の）反応をうかがっている」姿などから鉄棒を介した優越感も芽生えていたかもしれません。保育者との会話や行動から子どもらしい信頼の意識もうかがえます。

図 10.1　興味の対象に集合する子どもたち

　それではこの記録から「表現」的要素が見られたでしょうか。上記の状況の中で、仲間に対しても、鉄棒ができる姿を見せたりして、反応をうかがっている様子の記述は、まさに A 児のできるようになった自分を仲間にアピールしたい気持ちの「表現」的行動といえます。さらに直接書かれてはいませんが、できるようになった時、

A 児は飛び上がって喜んだかもしれないし、逆にできなかった時はどんな表情や行動をとっていたのか考えてみることで、逆上がりの一連の行動が A 児の気持ちの表現そのものであると理解できるはずです。

そうしたことに考えをめぐらしながら、保育者は自然な表現をそのまま受け止めてその後の保育に生かしたり、子どもと他の仲間とのコミュニケーションにつなげてやったりすることが望ましいといえます。

最後に「環境」的要素を探しますと、ここでは広く多くの環境的要素がうかがえます。たとえば、園庭に運動遊びの目的をかなえる物理的な設備が用意されていることも「環境」の一部といえます。ちゃんと自分にあった高さの鉄棒を選んで扱えていることも、A 児が自ら考えて適切な環境に望めている、といえます。加えて先の文章中にもあるように「みてて、みてて」と言える信頼関係のある大人や仲間がいる状況も、A 児の「人間関係」「言葉」を支援していく大きな意味での「環境」といえるでしょう。

これらを踏まえて、保育者は子どもの物理的、心理的環境に十分配慮しながら、子どもの素直な感情を伸び伸びと表出できる状態を引き出せるように、日頃から心がけることが大事なことと考えられます。

10.1.2 　🦋 他領域との関連と保育者の役割

こうして見てくると、領域「健康」の色濃い場面においても、実は単領域でなく複数の領域と関連して、保育生活と遊びが成り立っています。保育場面における保育者は、このように常に様々な側面が交差しながら子どもの生活が成り立つことを留意し、その時々の子どもの意図や目的にふさわしい保育活動ができるようにサポートすべきでしょう（図 10.2）。

例を挙げれば、ただ運動遊びの技術的側面にだけ関心をもつのではなく、うまくできなくても、友達や家族とそれについて会話が楽しめたり、環境的な工夫を自らほどこすような姿勢を身につけられる（鉄棒の高さや握りかた、再挑戦するなど）ように促していくのも、保育者の支援の 1 つといえます。こうした一連の活動には、保育者側も一緒に考えたり、行動したり、見守る姿勢が何より大切でしょう。

図 10.2　遊びの説明をする保育者

小学校以上の子どもについての研究の中で、スポーツや運動が得意な子どもの家庭は保護者と一緒に運動の話をしたり、一緒に見る経験が豊富であることが報告さ

れています（文部科学省, 2012a/2012b）。つまり、家庭や周りの大人と一緒に運動をやる、といった直接的な形式でなくとも、間接的な運動遊びに関する何らかの話題や情報について、日頃から共有していることが、子どもの運動発達と関連していることを意味しています。このことは保育者や保護者が学童期の前段階である幼児と一緒に、同じものを観察したり、それについて話したり、一緒に体験をしてみることが彼らの発達に望ましいことを示唆しているのではないでしょうか。

現代は家族の形の多様化と共に、子どもの家庭における環境も家庭間で格差が広がっています。生活習慣や子どもの生活リズムも保護者を含む保育者が意図的に心がけなければ、整いにくい時代になってきています。保育者はこれら時代のニーズを可能な範囲で実現化していくことが必要とされるでしょう。今の日本社会においては、保護者が家での兄弟や遊び仲間の代わりになることも少なくない状況です。保育者は、そうした現実も理解した上で、対応をしていくことが大切です。

こんなとき、どうする？

保育実習や教育実習等において、自分で用意した指導案や保育内容について、実習園の年齢や状況を理由に変更しなければならなくなった時は、どのように対処しますか。　▷

10.2　小学校教育とのつながり

小学校への入り口である幼児期後期においては、自らの意思により「○○がしたい」という意欲のもてる姿勢をしっかり身につけて小学校課程に進むことが望ましいといえます。では保育者は、具体的にはどのようなことを留意しながら日々の保育実践を行うべきなのでしょうか。ここでは、2017（平成29）年に改訂された幼稚園教育要領における「幼児期の終わりまでに育ってほしい姿」と小学校学習指導要領（文部科学省, 2017）について、領域「健康」が関係する部分に着目しながら、考えてみます。

10.2.1 　幼児期後期までに育まれるべきもの

2017（平成29）年に改訂された幼稚園教育要領によって領域及び指導法の内容については、保育者は小学校の教科的発想や区分でなく、幼児教育の領域に沿った専門知識の習得が求められることとなっています。

この「幼児期までに育ってほしい姿」の中で、領域「健康」に関連してくる項目としては、(1) 健康な心と体：幼稚園生活の中で、充実感をもって自分のやりたいことに向かって心と体を十分に働かせ，見通しをもって行動し、自ら健康で安全な生活をつくり出すようになる、があります（表 10.1）。

また、小学校学習指導要領においては第 1 章総則の中の「低学年」にて、他教科との関連を図り『幼稚園教育要領』等に示す幼児期の終わりまでに育って

表 10.1　幼児期の終わりまでに育ってほしい姿
出典：文部科学省（2017）幼稚園教育要領 第 1 章総則

> (1) 健康な心と体
> (2) 自立心
> (3) 協同性
> (4) 道徳性・規範意識の芽生え
> (5) 社会生活との関わり
> (6) 思考力の芽生え
> (7) 自然との関わり・生命尊重
> (8) 数量や図形、標識や文字など
> 　　への関心・感覚
> (9) 言葉による伝え合い
> (10) 豊かな感性と表現

ほしい姿との関連を押さえつつ、特に「小学校入学当初」においては、幼児期において自発的な活動としての遊びを通して育まれてきたことが、各教科等における学習に円滑に接続されるよう、各科目の内容や指導、時間割の設定などに工夫して計画を作成するように示されています（表 10.2）。

表 10.2　学校段階等間の接続
出典：文部科学省（2017）小学校学習指導要領 第 1 章 総則 第 2 節 教育課程の編成

> （1）幼児期の教育との接続及び低学年における教育全体の充実
> 幼児期の終わりまでに育ってほしい姿を踏まえた指導を工夫することにより、幼稚園教育要領等に基づく幼児期の教育を通して育まれた資質・能力を踏まえて教育活動を実施し，児童が主体的に自己を発揮しながら学びに向かうことが可能となるようにすること。（省略）
> 　特に、小学校入学当初においては，幼児期において自発的な活動としての遊びを通して育まれてきたことが、各教科等における学習に円滑に接続されるよう、生活科を中心に、合科的・関連的な指導や弾力的な時間割の設定など、指導の工夫や指導計画の作成を行うこと。
>
> 　　　　　　　　　　　　　　　　　　　　　　（下線部筆者）

幼稚園教育要領における領域「健康」とつながりのある小学校の体育科教育においては、小学校低学年での具体的内容として、体つくり運動遊び、器械・器具を使っての運動遊び、走・投の運動遊び、水遊び、ゲーム、表現リズム遊びなどが示されていますが、ここに含まれる、体つくり運動や水遊び、表現遊びは、特に幼児期では日常保育の中で毎日どれかが活動として実施されています。つまり幼児期の保育の中では、遊びの中でこれらの小学校の体育科教育の基盤となる身体活動や動きが、意図的、無意図的に繰り返し体得されながら健康な心と体が育まれていきます。幼

児期後期までに望ましい「健康な心と体」の状態が実践かつ維持されていくと、そこで育まれた資質・能力を踏まえ、小学校課程においては課題や解決すべき問題が起こった際も、自分の力あるいは仲間と共に解決に向けて考えたり、行動したりすることができるようになります。

　以上をまとめると、保育者はこれらの健康的観点における、幼児期後期から小学校入学当初までのプロセスを十分理解して、日頃の保育生活の中で身体を使った遊びとそれを介して育まれる人間関係や言葉（コミュニケーション）に着目しながら、保育を構築すべきといえます。

10.2.2　🦋 幼児期と学童期の違い

　学びの姿勢は幼児期と小学校とで大きな違いがあるといえます。幼児期は、生活していく上で必要な習慣やルールなども遊びの中で学んでいく一方で、小学校での学校教育は普段の生活の中で、具体的に活用される場面以外のことも多く学習するようになります。こうした学童期で必要とされる学びの姿勢や意識は、幼児期の限定された期間だけで育まれるのではなく、乳幼児期から幼児期後期に至るまでに長い時間を積み重ねて大人や仲間と関わりの中でゆっくりと丁寧に築かれていくべきものであるといえます。言い換えれば、小学校で必要とされる学びの姿勢（具体的には、そこですぐには必要ない知識や技能、またその根底にある理論）を整えておくには、5領域を介した体験を通じて様々な感情を経験しながら、自分が受け入れてもらえる居場所を見出し、一方で自分も仲間を受け入れたり、認め合えたりできる力をつける必要があります。保育者は、小学校と幼児期の接続については、このことを理解し、留意して保育計画を立てていくべきでしょう。子どもたちに時間をかけて、日常の保育生活の中で無理なく移行ができるように支援する必要があるといえます。

10.2.3　🦋 健康的観点と多様性

　幼児期では、日常生活における手洗いやうがい、入浴など、様々な生活習慣を介して、自身の身体の衛生管理と安全管理における基本的意識をもつことができるようになります。さらに幼児期後期は年齢が上がることで、それ以前では気づかなかった他人との違いや仲間と共通する点に対して、意識が向けられるようになります。

　学童期では、幼児期に比べ、属する居場所の変化（保育現場から義務教育の現場へ）に伴い年齢の違いや関わり、性別、家庭的背景の違いを目の当たりにすることが一層増えます。こうした状況は環境的側面ではもちろんのこと、健康的側面においても子どもにとって大きな影響を及ぼすこととなるでしょう。

これらを踏まえ、保育者は日々の保育の中で、子どもが安心して伸び伸びと生活できる居場所をつくり、さらに仲間を認めることのできる環境を形成できるように配慮をするべきです。

> **こんなとき、どうする？**

異文化の背景をもつ子どもが、小学校への準備（食文化、生活様式）に遅れがある時は、保育者はどのように対処していくべきでしょうか。　　　　▶

10.3　文化や遊びと領域「健康」との関係

これまで、他領域との関係や小学校課程への移行など、領域「健康」と他の境界について考えてきました。次に国や地域にも目を向けてみましょう。

文部科学省による教育基本法第 2 条（5）においては、その目標として「伝統と文化を尊重し、それらを育んできた我が国と郷土を愛すると共に、他国を尊重し、国際社会の平和と発展に寄与する態度を養うこと」という文言が掲げられています（文部科学省, 2006）。これらを領域「健康」の立場から俯瞰すると、この領域の特徴ともいえる「体と心の健康」に深く結びつく日本の文化や古来の運動遊び・スポーツについて考えてみることができます。

日本の伝統的な遊びは、自身の身体全域を使って楽しむものが一般的ですが、こうした遊びは年齢の異なる世代間の人との対話のきっかけになったり、家庭においても自分のルーツや歴史を意識することにつながる可能性もあります（図 10.3）。具体的に保育者は、どんな伝統的な遊びを取り入れることができるでしょうか。

図 10.3　日本舞踊を体験してみる様子

10.3.1　❀ 伝統的な運動遊び、表現遊び

たとえば、鬼遊びや竹馬を取り上げてみましょう。鬼遊びは「鬼」に捕まらないように子どもたちが逃げまわる単純な遊びですが、子どもたちが自分でルールを加えることで、様々な鬼遊びに変化させることが可能です。また行う場所によって広

い空間で伸び伸びと走り回れるところ、起伏がある場所や砂場などを飛び越えたり遊具を回避したりする必要があるところなど、運動量についても意図的、無意図的にかかわらず変化をつけることができる遊びでもあります。

　竹馬は、足の裏を使って竹に乗った部分で上手にバランスを取り、自身の手足の力で重心をコントロールしながら移動を行う遊びです。最初は乗るだけでも精いっぱいですが、いったんコツをつかむと、数歩から一定の距離を稼ぐまで歩き続けることが可能となります。「相撲」やけんけんぱも、身体や手足の重心移動のバランスを調整しながら動き回る遊びです。

　けん玉は決められた遊具の台に球を乗せることを目的とした遊びで、下肢の曲げ伸ばしによって乗せるタイミングを図ります。これらは電子ゲームのように手指だけを集中する遊びでなく、身体全体を動かしながら、上肢、下肢の機能を無意識のうちに統合させる遊びです。このように、日本に昔から伝わる身体を動かす遊びは、身体機能を余すことなく使い、重心の移動やバランス能力を獲得する遊びとなっているものが多いといえます。

　一方、お手玉や「ミカンの花」などの主に手を用いる遊びは、子どもが自分で歌いながら、そのリズムにあわせて決まった身体の動きを楽しむ遊びです。また、「大きな栗の木の下で」などに代表されるお遊戯も、身体や手の動きを用いた表現遊びの1つといえます。これらの遊びは、先の竹馬、鬼遊びと比べると運動量そのものは少ないのです。しかし、お手玉を投げ自分でキャッチする必要があること、また歌を口ずさみながらリズムにあわせて一連の動作を行う必要があることは、遊びを行うことで一度に複数の感覚の統合が求められるため、幼児期の子どもにふさわしい遊びと考えられます。

10.3.2　🦋 保育内容における伝統遊びの意義

　これまで紹介した遊びは、「独り」あるいは「仲間」のどちらとでも楽しむことのできるものであり、運動技能やコミュニケーションを引き出せる、子どもの健康に根差した遊びといえます（図 10.4）。

　一方、現代人は情報化社会の中で生活しており、子どもたちの遊びもバーチャルな電子機器の操作に由来するものも存在します。小学校課程で予定される IT 教育などとの絡みを考えると、一概にそれらを遠ざけて生活を送ることにも無理が生じることとなるでしょう。

図 10.4　伝統遊びの一例（コマ）

　保育者はこれらを念頭におきながら、日本の伝統文化や遊びも上手に保育に取り入れていくことで、子どもたちが楽しみながら、健やかな体と心を維持できるように心がけるとよいでしょう。

こんなとき、どうする？

　保育者自身もあまり伝統文化に根差す遊びの知識がない時は、どうしたらよいでしょうか。　　　　　　　　　　　　　　　　　　　　　　　　　　　　▷

10.4　地域がサポートする子どもの「健康」

　日本社会は核家族化が 1970 年代以降進み、現在では少子化に歯止めがかからない状況です。また政府は対策として様々な案を練っていますが、その一端として保育施設は、地域のランドマークとして家庭や行政と適切な連携を取りながら、保育を保障する必要があります。各家庭が保育施設をはじめとする地域とつながり、必要な環境や情報を共有し合える社会が求められますが、保育者はそういった社会構造の中で、キーパーソンであることを自覚すべきです。子どもの望ましい「健康」を維持することは、イコール子どもの精神面、身体面の健康と安全を確保することであり、これは子どもだけでなく家庭を支援することでもあります。そのため、保育者や園が家庭の状況をある程度把握し、必要な見守りと援助を提供できる場にしていくことが基本といえるでしょう。

10.4.1　❀ 家庭と保育施設（地域）の接点

　幼稚園教育要領には、幼稚園と家庭が一体となって幼児と関わる取組を進め，地域における幼児期の教育の中枢としての役割を果たす機能について述べられています（表 10.3）。具体的には、保育現場が保護者や地域の人々に施設を開放して、教育相談や講習会、必要な情報提供や保護者同士の交流をもたせる支援の必要性を掲げています。加えてその際、心理や保健の専門家，地域の子育て経験者等と連携・協働しながらサポートに取り組むことも示しています。

表 10.3　教育課程に係る教育時間の終了等に行う教育活動などの留意事項 2（抜粋）
出典：文部科学省（2017）幼稚園教育要領 第 3 章

- 幼児期の教育の相談に対応
- 適切な情報の提供
- 幼児と保護者の登園受け入れ
- 保護者同士の交流の機会を提供

10.4.2　🦋 家庭と地域をつなぐ実際の活動

では、実際に保育施設ではどのようなことを行えばよいのでしょうか。

保育施設では、日頃から園での取り組みや行事に絡ませながら、地域と連携する機会を探ることができます。たとえば、情報共有という点では、園の運動会、夕涼み会、花火大会、バザーなど各季節の行事の際に、他園、児童館、子育て支援センター、地域の教育関連施設（例：大学、小学校等）に通知し、情報を掲示板等で拡散してもらうことで、より多くの利用者（地域住民）と参加や交流する機会を提供できます。また地域に頼る親族や知人がいない家庭であっても、保育施設を仲介として様々な機関と多様に関わることで、必要な情報や援助を取得しやすくなることが予測されます。

昨今は、インターネットを介したウェブやSNSの活用に基づいて、家庭や関連施設との情報共有も行われるようになってきました。しかし一方で、園側・保育者側は個人情報の流出や関連したトラブルが起こり得る可能性にも留意しながら、活用を進めていくべきでしょう。特に、保護者や配信先にネットリテラシーの順守を呼びかけることが求められます。

地域の施設は、子どもたちが保育施設と同様に将来的に子ども自身が生活や学びを行う場所であると共に、日頃から相互に交流することで、子どもたちの健康や安全に対する見守りや配慮にもつながることは明らかです。

以下は、保育施設と地域の保育者養成校の学生との交流の実例です（図10.5）。子どもたちが、近隣の施設に出向き、将来の保育者となる地域の「お兄さん、お姉さん」との交流体験を通して、普段と異なる大人と関わりながら行事や遊びを楽しむことができます。また保育者養成校の学生にとっては、日頃の

図 10.5　幼児の前でオペレッタを披露する養成校学生の様子

学びを実践的に子どもに披露するプロセスを通じて、自身の実習や就職、また地域貢献のあり方を学習する場ともなり、こういった地域交流は相互に有益な機会となっています（表10.4）。

表 10.4　保育施設と養成校の地域交流効果の実例

保育施設の子どもたちにとっての効果	養成校学生にとっての効果
○家庭や親族とは異なる人（ここでは養成校学生）と交流をもつことで、地域の大人と接触する機会を広げる	○普段の学習成果を地域へ具体的に還元する ○自身の実習やこれからのキャリア支援につなげる

10.4.3 🌸 地域における保育施設の他国と日本との比較

　日本以外の他地域における保育施設と地域の関わりは、日本と比較してどのようになっているのでしょうか。ここでは米国の例を取り上げてみましょう。

　米国は、多くの場合、教育行政が地方分権で行われていますが、日本と比較すると、日頃から、保護者や地域の人々が学校や公共の場所に出入りする機会が多いといえます。その 1 つの理由として、普段から教育現場や地域におけるボランティア活動が盛んである文化的背景が挙げられます（図 10.6）。

　日本は米国に比べると保育や学校教育の現場では、保護者の施設への出入りは限定的といえ、何らかの手伝いが必要な際も施設側やその年度に選ばれた PTA 役員が行う傾向にあります。しかしながら、現在の日本社会は核家族化、少子化、さらに働き方や地域住民の生活スタイル、人種なども多様化してきていることから、地域を通じて、保護者がボランティア活

図 10.6　ボランティア審判員の指示のもとに実施される地域スポーツ活動

動や施設への出入りを活用することで、お互いの関係性を築きながら子育てを協力して行うことが求められてきています。

　そうした時に、ランドマーク的存在となるのは、日頃から子どもや保護者の出入りが盛んである保育施設や教育施設とその職員であるといえます。保育者はこのような日本の家族の形態や地域との関わりの必要性を念頭におきながら、家庭と地域をつなぐ重要な役割を果たしていることを意識して、仕事をするとよいでしょう。

こんなとき、どうする？

　近隣に保育の手伝いをしてくれる人のいない家庭の保護者から、どこに行けば時間外の子どもの世話や保育の助けとなるサービスの提供を受けられるのかの質問があった時は、どのように答えますか。異文化を背景とする家庭、あるいは、何らかの障害のある子どもの家庭も想定されます。　　　　　　　　　　　　　　▷

インクルーシブの視点から

　多様な背景の子どもたちが混在する地域での保育においては、お互いの異なる文化を知

るきっかけとして、伝統的な歌や遊びを介して外国籍の子どもとの交流をする方法があります。中でも「手遊び」については、日本のメロデイと同じもので歌詞が違うものなどがいくつもあります（例：ItsyBitsySpider，日本語名：静かな湖畔の森の影から）。これらを共有できると、お互いの文化や国への興味、親密度が一層高まる効果があります。インターネットで検索し、動画などを参考にしながら保育に取り入れてみましょう。 🌱

保育の道しるべ

　5歳児の子どもたちは、年長組になると体操（附属小学校体育科の先生によるご指導）が始まるのを楽しみにしています。体操の日には、体操袋に半袖・半ズボン・タオルを入れて持参します。登園して朝の身支度を整えると、持参した体操袋に入っている服に着がえます。登園時に着てきた服は脱いで丁寧にたたみます。髪の長い子どもは、お家の方に髪を結んでもらい登園してきます。子どもたちは体を動かしやすい服装に着がえることで、運動に適した身だしなみを知っていきます。また、体操の前後で着がえた服をたたむことで、自分の身の回りを整理整頓していく力もついていきます。子どもたちは、普段から動きやすい服装で登園してくるので、そのままの服装でも体操に参加することは可能ですが、子どもたちに生活に必要な習慣を身につけてほしいという意味を、5歳児の最初の保護者会で説明し、ご理解をいただいています。体操の前日には、降園時に「明日は体操があるので…」と保育者が話し始めると、子どもたちから「体操袋を持ってくる！」「遅れないように幼稚園に来る！」などの積極的な声が聞かれるようになります。体操袋は当日に持参して持ち帰るという約束になっているので、すべてお家の方任せではなく、子どもたちにも自覚をもって取り組んでほしいと促しています。

　体操の内容については、技術的に何かができるようになることをねらいにしているわけではなく、子どもたちが体を動かす楽しさを心から感じるようになることを大切にしています。たとえば3学期には個々に短縄が配られるのですが、「先生、見て！」と、子どもたちはすぐに跳び始めます。しかし、小学校の先生は縄を使って遊びながら、縄に親しむことから始めます。次に跳ぶタイミングを体感できるように、上下する大縄の下を潜り抜けたり、回転する大きな輪の中を通り抜けたり、子どもの挑戦意欲を刺激します。チャレンジして成功すればもう1回！　失敗してももう1回！　これこそ心情・意欲・態度なのだと勉強になることばかりでした。

　4歳児の3学期には、小学校の音楽科との交流として、小学校の音楽室で小学生と一緒にリズム遊びを楽しみます。5歳児になると小学校との授業交流が多くなります。理科の崖下教材園見学（春・秋）、図工科とは小学生の描いた絵の写生展見学と小学生と一緒に工作体験、また週に1回、体育科の先生が園に来てくださり5歳児の学年に体操をご指導くださいます。1学期には小学校のプールに入れていただいたり、3学期には小学校の体育館で5年生に縄跳びを教えていただいたり、子どもたちは大喜びです。幼稚園の運動会も小学校の校庭をお借りして行われます。附属小学校との連携は、園児や保護者の方々が小学校の雰囲気を知るとてもよい機会になります。 🌱

考えてみよう！

✎ 自分の住んでいる地区の子育て支援業務は、どのような仕組みで運営されている
でしょうか。身近な保育施設に着目し、どのように連携しているかを調べておき
ましょう。

✎ 多様な文化を背景にもつ子どもたちの保育に、日本に古くから伝わる遊びを取り
入れたいと考えています。その際に想定される効果的な面と留意すべき点を挙げ
てみましょう。

✎ 学童期への移行を見据えた幼児期後期での各保育場面を想定し、保育者の具体的
な言葉かけや態度をまとめておきましょう。

❀ **引用・参考文献** ❀

文部科学省（2012a）子どもの体力向上のための取組ハンドブック 第 2 章 全国体力調査に
よって明らかになったこと https://www.mext.go.jp/component/a_menu/sports/det
ail/__icsFiles/afieldfile/2012/07/18/1321174_05.pdf（情報取得 2025/1/17）

文部科学省（2012b）子どもの体力向上のための取組ハンドブック 第 3 章 体力向上への
活用のポイントと取組事例 （4）学校と家庭・地域及び学校間で連携するために https:
//www.mext.go.jp/component/a_menu/sports/detail/__icsFiles/afieldfile/20
12/07/18/1321174_09.pdf（情報取得 2025/1/17）

索　引

● 数字 ●

10 の姿 ……………………… 8

● アルファベット ●

ADHD …………… 30, 121

AED………………120, 134

AI ………………………… 21

ASD …………… 30, 120

ICT 教育 ……………… 25

PDCA サイクル …… 7, 95

SLD ………………… 121

society5.0 ……………… 21

● あ行 ●

アクティブ・ラーニング 7

アナフィラキシー …… 104

アナフィラキシーショック
　　　　　　　　　106

アレルギー ………… 6, 117

安全 ……………… 124

安全管理……………52

安全教育……………52

安全指導 ………… 133

安全点検 ………… 133

安全についての構え … 128

安全の習慣 ………… 129

生きる力 ………………… 7

一斉指導………………70

衣服の着脱 ……… 13, 35

イメージ………………79

ウィルス感染症 …… 113

う歯 ………………… 111

運動遊び ………… 14, 78

運動機能 ……… 14, 48, 68

運動指導…………5, 66, 78

運動スキル………………68

運動能力 …… 5, 62, 78, 81

運動の楽しさ……………82

栄養バランス……………38

エネルギー………………57

エネルギーの摂取………38

エピペン ……… 106, 134

嚥下機能 ………… 119

園だより………………87

● か行 ●

外発的…………………79

カウプ指数………………53

核家族化 ………… 19, 150

覚醒………………………40

数の概念………………83

学校基本法 ……………… 3

学校給食における食物アレ
　　ルギー対応指針
　………………… 106

学校のアレルギー疾患に対
　　する取組ガイドラ
　　イン ………… 106

学校保健安全法 ……… 111

家庭との連携…………41

環境 ………………… 144

感染症 ………… 110, 112

危機回避能力 ………… 134

危険予測能力 …… 128, 134

危険を回避する行動 … 128

基本的生活習慣…………34

基本的な動作…………84

基本的欲求 ……………… 3

吸啜反射 ………… 58

教育 ………………… 94

教育基本法 ……………… 2

胸式呼吸………………57

協調性………………84

血圧 ………………… 57

限局性学習症 ………… 121

健康 ………………… 1, 35

健康管理 ………… 110

原始反射………………58

誤飲 ………… 119, 133

誤嚥 ………… 119, 132

国際化………………19

午睡………………………39

骨化………………54

骨折 ………… 118

言葉 ………… 143

コントロールする力…… 79

● さ行 ●

細菌感染症 ………… 113

擦過傷 ………… 117

ジェネラルムーブメント 66

歯科検診 ………… 111

自己概念………………81

自己決定………………79

自己肯定感…………41

自己実現欲求 …………… 3

事故の予防 ………… 136

自制心······················83
自然環境···················97
実行機能···················83
質的変容···················70
シナプス···················58
自閉スペクトラム症30, 120
社会性の発達···············81
社会的環境·················96
重心·······················52
主体的 ···················· 4
主体的な遊び ··········· 137
小学校学習指導要領 ··· 145
少子化 ············· 19, 150
消費熱量···················57
情報化·····················19
情報発信···················87
食育·······················92
食育基本法·················92
食育計画···················95
食育推進基本計画·········93
食事 ·················· 21, 35
食習慣·····················92
食生活·····················93
食文化·····················93
食物アレルギー ··· 39, 104
食を営む力·················94
自立した生活習慣·······42
視力·······················58
神経系·····················65
人工知能···················21
身体活動量·················65
人的環境 ·················· 4
心肺蘇生法 ············· 134
水分補給···················57
睡眠·······················21
スキャモンの発育曲線···48
スキルの獲得···········82

スポーツ観戦···········89
スマートフォン···········86
スマホ育児···············25
スマホ内斜視···········26
スマホ老眼···············26
スモールステップ·······82
生活習慣 ··· 14, 15, 21, 145
生活習慣病······35, 93, 113
生活リズム······37, 38, 145
制御機能···················68
清潔 ·················· 13, 35
成功体験···················89
成熟·······················48
成長·······················48
成長ホルモン···········39
生理的機能·················56
世界保健機関（WHO）
　　憲章 ············· 2
脊柱の湾曲···············55
摂食機能···················99
セロトニン···············43
咀嚼機能 ················· 102
粗大運動···················68

● た行 ●

体幹·······················68
代謝·······················57
体調調節機能 ··········· 112
体力 ············· 21, 62, 81
脱水症 ················· 112
打撲 ··················· 117
探索行動 ··············· 132
窒息 ··················· 133
窒息事故 ··············· 103
注意欠如・多動症 30, 121
中枢神経系 ········· 58, 65
聴力·······················58
定期健康診断 ··········· 111

低体温症 ················· 112
デジタル機器 ··· 25, 28, 44
デジタルリテラシー······28
伝統的な遊び ········· 148
トイレトレーニング·····13
同期·······················84
動機づけ···················78
動作発達得点···········64
同時·······················79
同調·······················84
都市化·····················19
共働き家庭·················38

● な行 ●

内発的·····················78
人間関係 ··············· 143
認知能力 ············· 48, 83
認知の発達·················81
熱傷 ··················· 118
熱性けいれん ··········· 114
熱中症 ············· 112, 119
ネットリテラシー ······ 151
捻挫 ··················· 118
脳神経系···················56

● は行 ●

肺機能·····················57
排泄 ·················· 13, 35
排尿回数···················57
背部叩打法 ············· 120
ハザード ··············· 125
発育·······················47
発達·······················48
発達障害 ··············· 120
歯磨き指導 ············· 111
バランス···················73
反射·······················66
微細運動···················68

避難訓練 ……………… 6, 129
非認知能力 ………… 48, 83
肥満 ………………… 52, 93
ヒヤリ・ハット ……… 126
表現 ………………… 143
フィジカルリテラシー…29
腹式呼吸………………57
腹部突き上げ法 ……… 120
物的環境 ……………… 4
偏食 ………………… 102
保育所におけるアレルギー
　　　対応ガイドライン
　　　……………… 105
保育所における感染症対策
　　　ガイドライン 116
保育所保育指針 ………… 6
防災 ………………… 6

防犯 ………………… 6
歩行…………………68
ボディイメージ………85
哺乳反射………………98
ホルモン分泌…………38

● ま行 ●

学びに向かう力…………35
マニュアル …………… 133
脈拍数…………………57
ミラーニューロン………85
メディア………………87
メラトニン……………43
免疫機能 ………… 49, 112
免疫力…………………39
目標設定………………82
模倣…………………85

● や行 ●

やせ願望………………93
ユニバーサルスポーツ…87
養護……………………94
幼児期運動指針…………85
幼児期の終わりまでに育っ
　　　てほしい姿 8, 145
幼稚園教育要領 ………… 6
幼保連携型認定こども園教
　　　育・保育要領 … 6
予防接種 ……………… 114

● ら行 ●

リスク ……………… 125
リズミカル……………73
離乳食 …………… 39, 98
量的獲得………………70
ルーティング反射………58

執筆者紹介

今西 ひとみ（いまにし ひとみ）
帝京科学大学 教育人間科学部 幼児保育学科 教授　　担当章：第10章

小川 賀子（おがわ のりこ）
日本女子大学 通信教育課程 客員准教授　　全章「保育の道しるべ」担当

佐々木 玲子（ささき れいこ）
慶應義塾大学 体育研究所 教授　　担当章：第5章

澤田 美砂子（さわだ みさこ）
日本女子大学 家政学部 児童学科 准教授　　編集　担当章：第6章

鈴木 瑛貴（すずき たまき）
植草学園大学 発達教育学部 発達支援教育学科 講師　　担当章：第1章

高橋 まどか（たかはし まどか）
小田原短期大学 保育学科 通信教育課程 講師　　担当章：第6章

多胡 綾花（たご あやか）
湘北短期大学 保育学科 教授　　担当章：第2章

野田 聖子（のだ せいこ）
日本女子大学 家政学部 食物学科 助教　　担当章：第7章

平田 倫生（ひらた みちお）
日本女子大学 家政学部 児童学科 教授　　担当章：第8章

弓削田 綾乃（ゆげた あやの）
和洋女子大学 家政学部 家政福祉学科 准教授　　担当章：第3章

吉田 真咲（よしだ みさき）
日本女子大学 家政学部 児童学科 非常勤講師　　担当章：第4章

渡邊 孝枝（わたなべ たかえ）
十文字学園女子大学 教育人文学部 幼児教育学科 講師　　担当章：第9章

図版トレース：仁木 希実（にき のぞみ）・麦谷 舞子（むぎたに まいこ）
　　　　　　　同志社女子大学 CUBE/デジタルコンテンツ研究部

イラスト作成：颯田 朱莉（さった あかり）
　　　　　　　桜花学園大学

　　　　　　　廣岩 夕生（ひろいわ ゆうき）

新・保育シリーズ

保育内容「健康」

2025 年 3 月 15 日　　第 1 版　第 1 刷　印刷
2025 年 3 月 20 日　　第 1 版　第 1 刷　発行

監　　修　　中坪史典
　　　　　　請川滋大
編　　集　　澤田美砂子
発 行 者　　発田和子
発 行 所　　株式会社　学術図書出版社

〒113−0033　東京都文京区本郷 5 丁目 4 の 6
TEL 03−3811−0889　振替　00110−4−28454
印刷　三美印刷 (株)
